「わきまえない女」だった北条政子

跡部蛮
Atobe Ban

双葉社

「わきまえない女」だった北条政子　目次

帯イラスト　川島健太郎
装丁　妹尾善史（landfish）
本文デザイン　landfish

「わきまえない女」だった北条政子

はじめに

北条政子《ほうじょうまさこ》と聞いて、どういう印象を抱くだろうか。「強い女」「怖い女」「冷たい女」それとも「わきまえない女」——だろうか。

森喜朗《もりよしろう》元首相が女性蔑視と批判を浴び、東京五輪大会組織委員長の座を退くことになった「わきまえろ」発言（そこには女性は男性に従順で、なんでも〝わきまえる〟必要があるというニュアンスを含んでいるように思う）に従うなら、たしかに政子は「強くてわきまえない女」である。他人の目には「怖い女」「冷たい女」と映ってしまうことだろう。

同時に、彼女は明確なポリシーをもった政治家でもあった。実弟の北条義時《よしとき》は、源頼朝亡きあとの鎌倉幕府開創期における最大の功労者とみなされているが、彼とて姉である政子の力なくして何も成し遂げられなかった。一三世紀の四半世紀（一二〇一～一二二五）における武家政権の政治の主役は政子であって、義時は脇役にすぎない。とはいえ、その原因を「怖い」「強い」「冷たい」「わきまえない」などといった個性だけでとらえると、政子という人物の本性を見誤りかねない。森元首相流の発言とは別の意味で彼女は、あることに対して「わきまえない女」だった。極論するなら、そのことを証明するのが本書の目的ともいえる。そこで「中世の女性の地位」という観点から通説とはちがう「政子」の実像に迫ってみようと思う。それはまた、鎌倉時代初めに繰り返された政治抗争——かずかずの陰謀やだまし討ち・将軍暗殺の謎を読み解くヒントにもなるはずだ。

一方、彼女が生きた時代は争乱にまみえた時代であり、歴史の見直しが進められている。夫の頼朝はいかに平氏を滅亡させたのか。また、その過程で生じた弟義経との確執の真相はどうだったのか。鎌倉幕府とはそもそも何なのかという問題も見逃せない。新たな視点で、武士政権の誕生という時代の変革期の歴史に斬りこんでいきたい。

北条政子の家族

〈図1〉

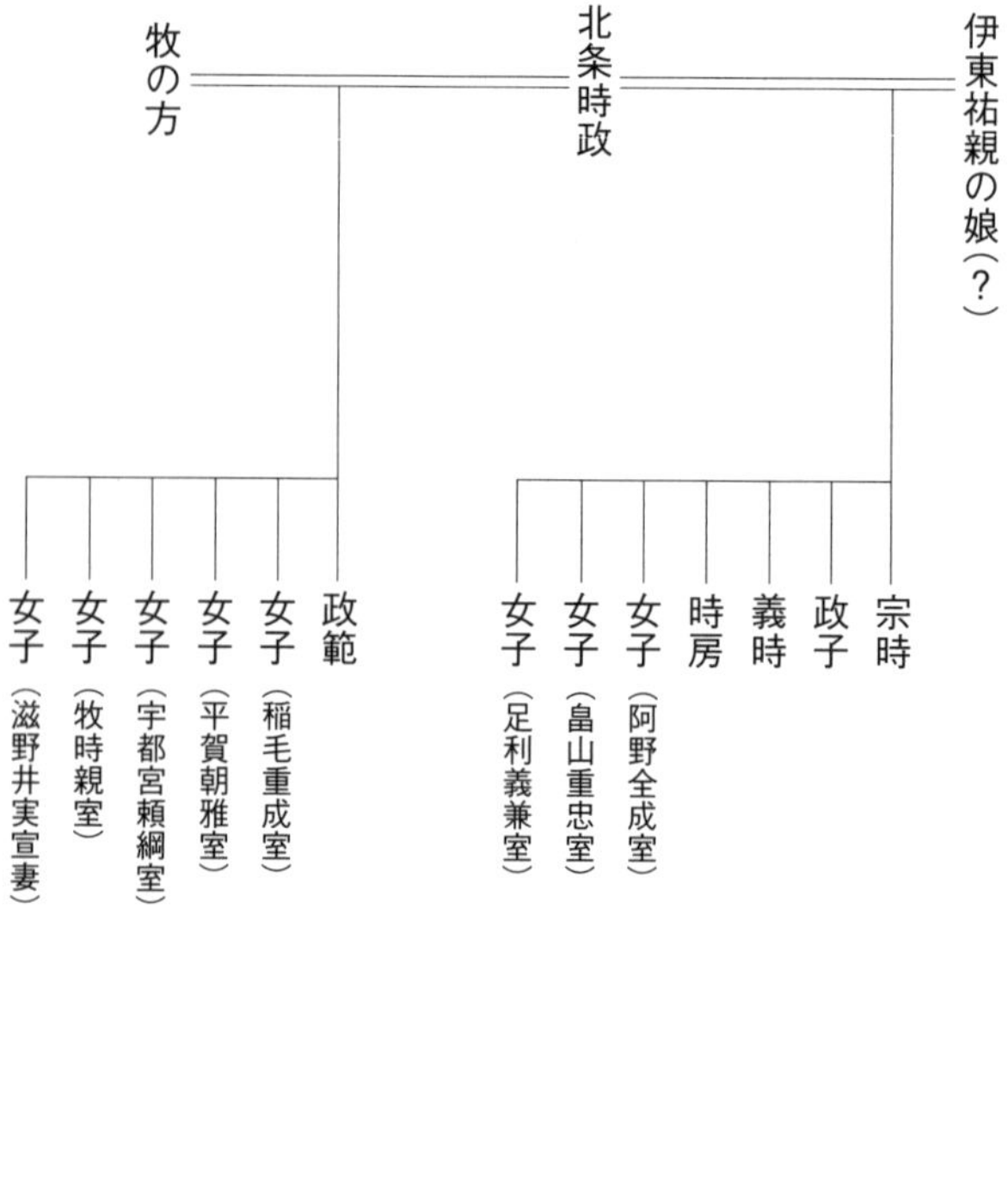
伊東祐親の娘（？）
北条時政
牧の方
宗時
政子
義時
時房
女子（阿野全成室）
女子（畠山重忠室）
女子（足利義兼室）
政範
女子（稲毛重成室）
女子（平賀朝雅室）
女子（宇都宮頼綱室）
女子（牧時親室）
女子（滋野井実宣妻）

北条氏系図
〈図2〉

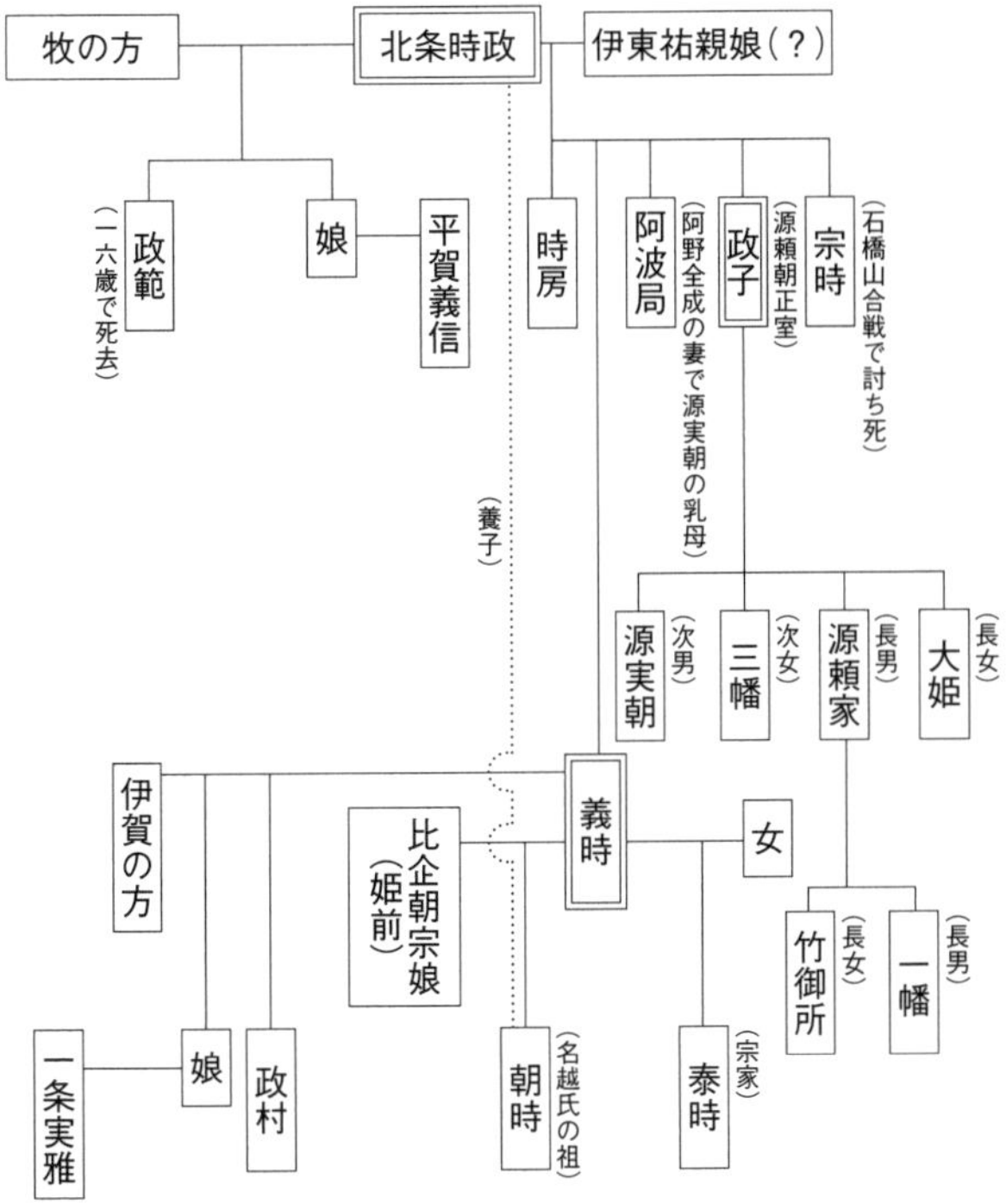
牧の方
北条時政
伊東祐親娘（？）
政範
（一六歳で死去）
娘
平賀義信
時房
阿波局
（阿野全成の妻で源実朝の乳母）
政子
（源頼朝正室）
宗時
（石橋山合戦で討ち死）
（養子）
源実朝
（次男）
三幡
（次女）
源頼家
（長男）
大姫
（長女）
伊賀の方
比企朝宗娘
（姫前）
義時
女
竹御所
（長女）
一幡
（長男）
一条実雅
娘
政村
朝時
（名越氏の祖）
泰時
（宗家）

プロローグ

源氏は三代で滅びなかった?

其の一　無惨！　竹御所《たけごしょ》の死

北条政子がこの世を去った六年後の寛喜《かんき》三年（一二三一）九月二七日のこと。鎌倉幕府の公式歴史書という位置づけの『吾妻鏡《あづまかがみ》』に、幕府の有力な御家人三浦義村《みうらよしむら》が「御所へ参り、御台所《みだいどころ》（の御座所）においてこの事を伺候《しこう》の男女に語る」とある。「この事」とは、三代執権《しっけん》北条泰時《やすとき》が弟（朝時《ともとき》）の屋敷へ賊が押し入ったという噂を聞きつけ、その身を案じて評定の席からすぐさま駆けつけた事件をさす（この事件の詳細は一七一ページ参照）。

それでは、このときの「御台所」は誰なのであろうか。初代将軍源頼朝《みなもとのよりとも》の御台所（正室）だった政子はもうこの世にはいない。ここでいう「御台所」は、源氏三代の将軍のあと、幕府が京から迎えた四代将軍九条頼経《くじょうよりつね》の正室、竹御所のこと。「鞠子《まりこ》」などという名が伝わっているものの、本当の名前であるかどうか定かではない。四代将軍になった頼経は、鶴岡八幡宮の東北にあった将軍御所（源氏三代の時代の大倉御所）をでて、あらたに宇都宮辻子《うつのみやずし》（若宮大路の二の鳥居付近）に御所をかまえ、御台所として迎えた彼女の住まいも新造した。その住まいを竹御所と呼び、それが彼女の通り名になっている。竹御所の父は二代将軍源頼家《よりいえ》。つまり、頼朝と政子の孫娘にあたり、当時、二人の血筋を受け継ぐ唯一の存在だった。

三浦義村がその彼女へ、前述した事件の話を伝えに行くと、「伺候の男女」がそこに詰めていた。義村とは別の御家人や御所の女房衆が竹御所を取り巻き、何やら賑やかな様子が窺える。彼女の御所はいまでいうサロンの役割を担っていたのだろう。

その竹御所が生まれたのは建仁《けんにん》三年（一二〇三）。生まれてまもなく母の実家である比企《ひき》氏が滅ぼされ（比企氏の乱）、母若狭局《わかさのつぼね》（頼家の側室）もその際に命を落としたと伝わる。しばらくして同母兄の一幡《いちまん》も大叔父にあたる北条義時の郎党に殺された（『愚管抄《ぐかんしょう》』）。二歳の時に父の将軍頼家もまた、入浴中に何者かの刺客に襲われ、暗殺された（『同』）。その黒幕も義時だったとされる。竹御所が物心ついたころには、両親と同母兄はすでにこの世におらず、しかも、彼らの殺害に大叔父が関与しているという境遇だった。

ここで『吾妻鏡』建保《けんぽう》四年（一二一六）三月五日付の記事に注目したい。一四歳になった彼女が扈従《こじゅう》の侍に伴われ、叔父にあたる将軍実朝《さねとも》の御台所（京の公家坊門《ぼうもん》家出身の姫君）に謁見。記事は「これ、尼御台所（政子）の仰せによる。御猶子《ゆうし》の儀なり」とつづく。すなわち政子が、肉親をことごとく失った竹御所の将来を案じ、「将軍御台所の猶子におなりなさい」とすすめ、この日、彼女はあらたに実朝夫妻という家族をもつことができたのである。この記事で政子が彼女の後ろ盾になっていたことがわかる。もしかすると竹御所の父母が非業の死を遂げてのち、彼女は政子のもとで育てられていたのかもしれない。

ところが、三年たって一七歳という多感な年ごろになっていた彼女をふたたび悲劇が襲う。建《けん》保《ぽう》七年（一二一九）、叔父実朝が鶴岡八幡の境内で彼女の異母兄で出家して僧になっていた公暁《こうきょう》に殺されるという骨肉の争いに、またも見舞われたのである。公暁はやがてみつかって殺害され、未亡人となった実朝の御台所は実家のある京へ帰京し、翌年、もう一人の異母兄である僧禅暁《ぜんぎょう》（九十二ページ参照）も実朝暗殺に関与した疑いから北条義時に殺され、竹御所の家族は政子だけになった。厳密にいうと、頼朝が政子の目を盗んで大進局《だいしんのつぼね》という女房に産ませた仁和寺法印《にんなじほういん》御坊貞暁《じょうぎょう》（四十五ページ参照）がいることはいる。しかし、竹御所の叔父にあたる彼は鎌倉にはおらず京にいて、一二年後、高野山で没する。事実上唯一の肉親といえる政子も嘉禄《かろく》元年（一二二五）に亡くなると、その葬儀を竹御所がとりおこなったことから（『吾妻鏡』）、彼女が喪主の立場だったことがわかる。さらに彼女は政子を実母に準じ、一年間喪に服していたという（角田文衛《つのだぶんえい》著『平家《へいけ》後抄《こうしょう》』下巻）。

喪が明けると、政子が生前におこなってきた仏事を引き継ぐとともに、執権夫妻をはじめ、三浦一族や有力御家人やその正室らと彼女との交流を示す記事が『吾妻鏡』に散見されるようになる。そして寛喜二年（一二三〇）一二月、すでに四代将軍に補任《ぶにん》されていた頼経の御台所となった。

以上の話からどんなことがいえるのだろうか。まず政子が竹御所の後見役でその将来を案じていることから、政子が彼女を慈しんでいた事実が窺える。竹御所は政子の葬儀の喪主を担い、喪に服した。つまり、彼女にとって政子は母親代わり。だからこそ、喪が明けると同時に、政子がおこなってきた仏事を引き継いだのだ。そうすると、彼女が四代将軍の御台所になったのも、政子が亡くなる前に敷いた路線かつ、その願望だったという事実がみえてくる。政子は生きている間に二人を娶《めあわ》せたかったのだろうが、将軍頼経は竹御所の一五歳年下。寛喜二年の婚姻当時でも竹御所は二八歳で頼経は一三歳。この時代の例から見ても実際上の婚姻がかろうじて成立する年齢だった。

つまり、竹御所が政子の後継者として遇され、唯一残された頼朝の血筋だったからこそ、御家人らから敬われ、彼女の御座所はサロンの賑わいを呈していたのである。

その竹御所が亡くなった際、死を悲しんで出家する御家人や女房が後を絶たず、悲しみは京にも広まって在京する御家人がこぞって鎌倉へ下向した。

彼女が亡くなったのは文暦《ぶんりゃく》元年（一二三四）。政子の死後、一〇年目のことだった。彼女はそのとき、将軍の子を身籠っていたのである。妊娠から死に至るまでの流れをみてみよう。

その年の三月、まず着帯《ちゃくたい》の儀がおこなわれた。着帯の儀とは、妊娠五ヶ月目の戌《いぬ》の日に、腹帯を巻く習慣のこと。生まれてくる子が男子なら、当然、五代将軍となる。その子には源家の血が受け継がれるわけだから、将軍は源家の血脈を保つことになる。源氏は三代で終わらず、五代以降、ふたたび源氏の血筋がつづいていたわけだ。四代頼経にも一時、源氏の姓を賜ろうという話があったくらいだから、むろん、源氏の血を引く五代将軍は源へ改姓したはず。そうなっていたら、北条氏による執権政治という鎌倉幕府の政治形態もちがったものとなり、のちの歴史は大きく変わっていたかもしれない。初代将軍頼朝の御恩を奉じる御家人らが竹御所懐妊に歓喜していることは『吾妻鏡』からも確認できる。

ところが、事態は意外な方向へ展開するのである。

その年の七月二六日付の『吾妻鏡』によると、「御台所が御産所に移られた（中略）子《ね》の刻（午前零時）になって産気づかれた」、竹御所がいよいよ産屋《うぶや》へ入り、真夜中になってにわかに産気づいたのだが、翌二七日になると、「寅の刻（午前四時）、御産。児は死んで生れられた（中略）お産後に悩乱《のうらん》し、辰《たつ》の刻（午前八時）に亡くなられた」と事態が急変する。竹御所は死産ののち容体が急変し、およそ四時間後に亡くなったというのである。

たしかに難産の末、母子とともに助からないケースは現代でもある。死産と知って竹御所が悩乱したというのもありえる話だ。しかし、ここは簡単に引き下がれない。もしも生まれてくる子が男児なら、前述したとおり、その後の歴史を大きく変えたかもしれないからだ。その後の執権政治の展開と北条幕府と呼ばれる政治を考えるとき、気になる人物が浮上する。時の執権北条泰時である。男児が生まれたら、ふたたび将軍家へ実権をもどすことになりかねないからだ。

しかも、竹御所の産屋は北条時房《ときふさ》（泰時の叔父）の屋敷。歴史学者の角田氏（前出）は、泰時らが分娩の瞬間、産婆《さんば》に嬰児を窒息死させるよう命じさせ、さらには嬰児が死んだことを知って、竹御所が逆上悶絶した可能性に触れている。

いずれにせよ、こうして源氏の血脈は完全に絶たれるのである。この事件にこそ、北条政子の実像に迫る手がかりがあると考えている。

筆者の考えを述べる前に、まず通説的に政子の後半生を駆け足で語るとこういう展開になるのではなかろうか。

彼女は実弟の北条義時と連携し、実家である北条氏にとって目障りな比企氏（その理由は第一章参照）を葬り去り、わが子の二代将軍頼家も比企系の将軍であるがために引退を勧告。こうして伊豆の修善寺に頼家を幽閉した後、その前将軍が何者かに殺害された。その何者かは義時だとされる。まさか政子も弟が頼家を殺害するとは思っていなかったかもしれないが、義時も姉に無断で実行しないだろうから、彼女は黙認したのだろう。その後、父時政《ときまさ》が失脚し、もう一人の息子である実朝が孫の一人に殺害されるものの、依然、弟と二人三脚で幕府を動かし、その弟の急死後、政治的空白が生じないよう義時から泰時への政権移譲をスムーズにおこなわせた。かつ、実朝暗殺後、将軍が空位になっているのをいいことに、幼い三寅《みとら》（のちの四代将軍の頼経）を擁して将軍に代わって御教書《みきょうじょ》（将軍の公文書）を発給。後の世に「尼将軍」と呼ばれる政治をおこなう。こうして北条の天下が定まり、二人三脚で幕府の政治を担い、かつ、次々と政敵を葬り去った政子と義時が鎌倉幕府の政治体制を確立させた功労者。つまり、政子は実家である北条の天下、すなわち「北条幕府」の開創に尽力したという文脈で語られる。

だが、竹御所との関係、さらには彼女と頼経を娶せようとした可能性、そして二人の間に男児が生まれた場合に五代将軍が源氏の血筋になるのは充分に想定していたと考えられることから、政子も源氏の再興を願っていた事実が浮かんでくる。

かたや、本当に泰時ら北条一族が産婆に命じて竹御所の子を殺させたかどうかはともかく、頼経と彼女の間の子が執権政治を進めるうえで邪魔な存在であるのはたしかだろう。

すると政子と北条一族の利害が衝突する形になり、前述した通説を見直さざるをえない。政子は、父と弟のやろうとしていることをわきまえず、自分の信念にもとづいて行動した女性といえる。だとしたら、政子はわが子を幽閉し、その殺害を黙認してまで、何をしようとしたのだろうか。その謎を解き明かすことこそ、政子という政治家の実像を解明する手がかりとなろう。

その際のキーワードが「家」である。それは中世初めの婚姻形態や相続制度とも深く関係している。政子の実像を考えるうえで重要なポイントとなるので、ここから簡単に当時の「妻（正室）」たちと社会との関わり合いについて触れておきたい。

其の二　頼朝の側近大友能直《よしなお》の母と妻、そして巴御前《ともえごぜん》

貴族社会において主流だった婿取婚《むことりこん》（夫婦の生活が妻方の家でなされる婚姻形態）が武士の登場によって現代に通じる嫁取婚《よめとりこん》へ移行する。鎌倉時代はその移行期だ。そのことは北条政子と源頼朝の婚姻にもあらわれている。二人が結婚した当初、頼朝は北条時政の「北条館」（『吾妻鏡』）に住んでいたとみられるが、頼朝が旗揚げに成功し、鎌倉入りすると御所が置かれ、政子は「鎌倉殿」である夫の御所に迎えられる。そうして夫の「家」に入った妻は「家」を守る義務が生じ、同時にそのための権利もえる。「正室権」といってもいい。

そこに夫の「家」の財産は夫婦で共同管理するとの考えが生まれ、夫が亡くなった後、未亡人に「家」の財産の管理権が発生するのだ。ややもすると見落とされがちだが、そうした視点なしに、この時代の女性の地位は語れない。

たとえば、平清盛《たいらのきよもり》の娘盛子《もりこ》が関白近衛基実《このえもとざね》に嫁ぎ、夫の死後、まだ幼い基通《もとみち》に代わり、摂関家領の荘園や東三条邸などの近衛家財産を管理した。「平氏による摂関家の横領」と呼ばれる出来事で、たぶんに政治的な意味合いを含む話だが、この時代の女性が「家」の財産権を管理して

いたことを示す一例でもある。このように、女性が次の世代にバトンを渡すために一時的に財産の管理権をえる例はほかにもある。

頼朝の側近となった大友能直《よしなお》の母だ。彼女は実家の財産を継承し、長男の能直へ渡す役割を担った。ちなみに、大友氏は鎌倉・室町時代と豊後国の守護をつとめて戦国大名へと成長を遂げ、織田信長《おだのぶなが》や豊臣秀吉《とよとみひでよし》が活躍する時代にキリシタン大名大友宗麟《そうりん》を輩出する。

その大友氏はもともと、相模国愛甲《あいこう》郡で郷司《じ》（末端の地方役人）をつとめる家柄だった。父方の氏名は古庄《ふるしょう》氏もしくは近藤氏（先祖は平将門《まさかど》を討った藤原秀郷《ひでさと》とされる）。母方が相模国波多野《はたの》荘（神奈川県秦野市）の武士団である波多野一族に連なる大友氏。この時代、女性が嫁ぐ際に実家の所領を持参する例があり、能直の母の場合も、足柄《あしがら》郡大友郷（小田原市）の郷司職《しき》（所領）を相続して嫁ぎ、それを能直に継承させた。能直を中心にみると、大友郷が「母方の祖父→母→自分」という順で引き継がれたわけだ。

頼朝の死で未亡人となった政子が「尼御台所」として幕府へ大きな発言権をえるのは、何も彼女の個性ゆえではなく、以上のような当時の婚姻形態と女性の役割があったからである。

なお、大友能直の母が御所で女房の利根局《とねのつぼね》として頼朝に近侍するうち寵愛をえて能直を生んだ、つまり、彼を頼朝の隠し子とする説が根強い。それが事実なら政子にとって無視できない話だが、事実とは認められない。

ただし、幕府の御家人となった能直は頼朝に可愛がられ、近侍する。彼がのちに頼朝側近である中原親能《なかはらちかよし》（一三人合議制メンバー）の猶子になっている事実から話が広がり、頼朝の隠し子説へと発展したのかもしれない。ともあれ能直は、豊後国の守護（鎮西《ちんぜい》守護人）となった中原親能との関係で豊後国に足がかりができ、親能から守護職を引き継ぎ、豊後国の大野荘（大分県豊後大野市）に地頭職をえて豊後の支配を進めていった。

こうして豊後へ本領を移した後も相模の郷名を氏名《うじめい》として大友氏を名乗り、その初代となった能直は死にのぞんで貞応《じょうおう》二年（一二二三）、いまでいう遺言状を残し、そこに惣領の嫡男親秀《ちかひで》のほか、能秀《よしひで》・景直《かげなお》・能郷《よしさと》・能職《よしもと》・女子犬御前《いぬごぜん》・女子美濃局《みののつぼね》・時直後家《ときなおごけ》といった庶子に所領を相続させた。この時代、こうして嫡子と庶氏の別を問わず、「家」の財産は分割され（ただし、本領である相模国大友郷の郷司職は、嫡男の親秀が相続）、女性も相続の対象だった。能直の子らが相続した内容をみると、たとえば嫡男能秀が豊後国大友荘志賀《しか》村半分地頭職、三男能郷も同じ志賀村で半分地頭職と二人で一つの村を相続したことで、かなり所領が細分化されてしまっている。嫡男は他に相続する所領があったのでよかったのだろうが、三男の能郷にしてみたら、それだけの所領ではやっていけない。能郷の母（大友能直の後家尼深妙《しんみょう》）には「一村に満たない所領では可哀そう」という温情があったらしく、志賀村とは別に他郷の地頭職、さらには相模国大友郷の屋敷の一つを三男に譲り渡した。ここでも能直の未亡人（後家尼）が相続に関係し、「大友家」の財産管理にかかわっているのだ。

こうした母親の権利は、主に分割相続によって女性に相続権があったことで生じたといえる。

ところで、大友能直から所領の一部を分割相続された庶子の中に美濃局（前出）という女性がいるが、彼女のその後を田端泰子《たばたやすこ》氏の著書（『日本中世の社会と女性』）から拾ってみよう。田端氏は美濃局の素性を丹念に調べ、こう述べている。

「父の死後、後家尼深妙から大野荘上村半分地頭職を譲与されたあと、宗尊親王《むねたか》［注1］の女房として親王に従って鎌倉入りし、しばらくそこで女房づとめをした。女房づとめの間に山上中将の妻となったのかもしれない。その後、女房づとめをやめて豊後に帰り、上村半分・山階村を知行した」（ルビとカッコは筆者）

美濃局は結婚もして、御所女房として働いて、かつ所領をもつ領主でもあったわけだ。田端氏（前出）は「領主としての女房の姿は、所領を知行する妻の姿と重なり、女房が妻の意で用いられるようになる」（『同』）という。

繰り返しになるが、「家」を守るといってもこの時代の妻たちには、内助の功を尽くすだけというイメージから程遠く、「正室権」によって相続や家政にかかわった。つまり、「モノいう株主」と同じく、彼女たちは「モノいう未亡人」「モノいう妻」たちなのであった。

しかし、所領を相続する権利イコール、軍役を負担することでもある。御家人は地頭職などの所領を「鎌倉殿」に安堵されるのと引き換えに大番役（京や鎌倉などの警護）などの催促に応じなければならない。それは性別に関係ない。地頭なら等しく軍事奉仕しなければならない。彼女らの多くは代役を遣わしていたようだが、田端氏はのちに女性の御家人が在京することをわざわざ停止させる法令が追加されていることから「後家や女子が、在京役を現実に勤めていることが知られるのである」（前同）としている。そこで一人の女性武者の名が思い出される。巴御前《ともえごぜん》である。源義仲《よしなか》の愛妾だ。『源平盛衰記《げんぺいじょうすいき》』によると、義仲の乳母《めのと》の夫である中原兼遠《かねとお》の娘。「つよ弓の手だり」かつ、「荒馬の上手」。義仲が頼朝に先んじて北陸道を京へ攻めのぼった際には一方の大将に任じられたという。『源平盛衰記』には長い黒髪を靡かせて戦う巴の姿が活写されている。そのときの彼女の相手は内田《うちだ》三郎家吉《いえよし》という鎌倉方の武将。家吉がただ一騎、彼女の前に馬を進めると、巴は「あっぱれ」といって敵を褒めた。その家吉との一騎打ちでは、二人が馬を駆って騎射の姿勢を取るが、両者とも弓を射ず、やがて馬を寄せ合って太刀打ちの姿勢から組打ちとなった。巴は家吉の鎧の袖を持って組み伏せようとする。すると家吉は卑怯にも巴の黒髪を絡め取り、腰刀でその首を掻こうとした。その振る舞いに「おのれ、内田殿はいくさの故実を知らぬのか！」と一喝し、巴は、家吉が腰刀を握る肘を強烈に打ちつけた。あまりの強打に家吉の刀は打ち落とされ、巴はたちまちのうちに彼を鞍の前輪に組み伏せた。そうして腰刀を抜くや、家吉の首を捩じ斬ったという。たしかに強い。

巴は義仲が討ち死にした後、信濃で潜伏したが、やがて平氏との内戦に勝利した頼朝によって鎌倉へ召喚される。頼朝は巴を斬首しようとしたが、有力御家人の和田義盛《わだよしもり》（一三人合議制メンバー）は「心も剛も無双」という巴の血筋を残したいと考え、その身柄を預かり、側室とする。そうして巴は男子を産む。その子は成人して、これまた無双の怪力として名高い朝比奈三郎義秀《あさひなさぶろうよしひで》（義盛三男）になるという。

鎌倉下向以降の話は明らかに筆が滑りすぎているが、そのほかの話はどうだろうか。巴御前は実在するのか。巴の話は『平家物語』とその増補版である『源平盛衰記』にしか記載されていないから、すべてが創作だといわれたらそれまでだが、この時代の歌謡曲（今様《いまよう》）にも女武者が登場するし、怪力の女の話は『今昔物語集《こんじゃくものがたりしゅう》』でも描かれている。女性が軍役を負担する時代だけに、馬術や格闘術が巧みな女性があらわれても不思議ではない。

以上、政子が生きた時代は、ただ夫に従うだけではない方法で、男たちが命懸けで「家」を守ろうとするのと同じように、妻や未亡人がみずからの役割を果たし、女性の社会進出が進んだ時代。その背景には、婚姻形態の変化とともに分割相続という相続制度があった。こうして妻たちは「家」の財産を夫と共同で管理する〝権利〟をえた一方、夫の死後、その財産を守る〝義務〟を負った。南北朝時代にその分割相続制度が限界に達し、次第に嫡子単独相続制度へと切り替わる。嫡子として男児が女児に優先され、さらに妻が夫の家父長権《かふちょう》に従属するようになって男性優位の社会へと進んでゆくが、政子の時代はそうではなかった。そのことを踏まえて政子の生涯をみてみると、通説とはちがった景色がみえてくるのではなかろうか。

［注1］宗尊親王＝鎌倉幕府六代将軍。最初の宮将軍として鎌倉に下向。文永《ぶんえい》三年（一二六六）七月、謀叛を企てた嫌疑により将軍職を廃せられ、帰京後出家し、不遇のうちに没した。

第一章

「御台所」としての半生

桓武平氏家系図
〈図3〉

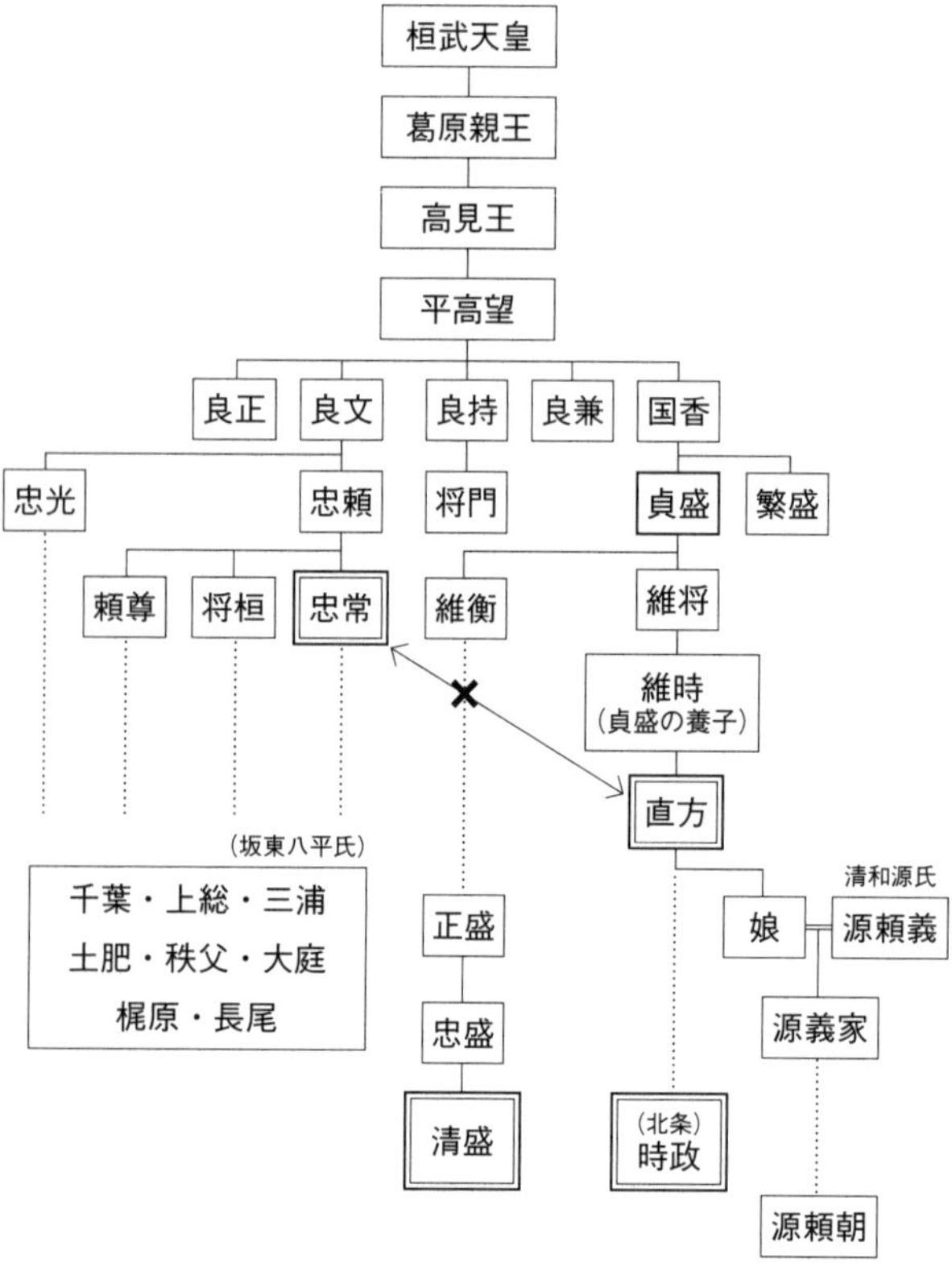
桓武天皇
葛原親王
高見王
平高望
良正
良文
良持
良兼
国香
忠光
忠頼
将門
貞盛
繁盛
頼尊
将桓
忠常
維衡
維将
維時
(貞盛の養子)
直方
(坂東八平氏)
千葉・上総・三浦
土肥・秩父・大庭
梶原・長尾
正盛
忠盛
清盛
(北条)
時政
清和源氏
娘
源頼義
源義家
源頼朝

其の一　政子の結婚

政子の父は伊豆の豪族北条時政。母は一般的には同じく伊豆の豪族伊東祐親《いとうすけちか》の娘だとされるが、よくわかっていない。同父母の兄に宗時《むねとき》、弟に義時と時房、同父母の妹に阿波局《あわのつぼね》〔注1〕や畠山《はたけやま》重忠《しげただ》・足利義兼《あしかがよしかね》の妻がいる。長女である政子の婚期が遅れたのは、母の死後、妹たちの面倒をみていたからだろう。政子がいくつのことなのか不明だが、父は牧《まき》の方《かた》と呼ばれる後妻を迎えた。『愚管抄』に「時正（政）、若き妻をもうけて」と記されるとおり、かなりの〝年の差婚〟だった。

ざっといって以上が政子の家族である（八ページの図1参照）。

それでは、彼女を育んだ北条氏とはどのような一族なのか。まずは、伊豆の豪族北条氏の出自をたどってみたい。

桓武平氏《かんむへいし》（桓武天皇を祖とする賜姓皇族《しせいこうぞく》）の嫡流である平貞盛《さだもり》からは、北条氏とともに平清盛がでている。貞盛の四男惟衡《これひら》が寛弘《かんこう》三年（一〇〇六）、伊勢守に任じられ、その曾孫の正盛《まさもり》が伊勢平氏を率いる武士の棟梁となった。よって惟衡は伊勢平氏の祖といわれ、正盛の孫が清盛にあたる。つまり、清盛が貞盛流平氏の傍流である一方、『北条氏系図』などによると、北条氏はその嫡流に近い（二十八ページの図3参照）。

貞盛の嫡孫にあたる直方《なおかた》の時代、関東に経済基盤（領地）を置きつつも京に住み、藤原摂関家に仕えて活躍の舞台を京に移していた。万寿《まんじゅ》五年（一〇二八）六月、関東で平忠常《ただつね》が乱を起こしたとの報に接し、朝廷はただちに追討の宣旨を下す。その追討使に一族である検非違使の直方が任じられた。ところが、彼の戦果ははかばかしくなく、そのうえ、忠常追討の名目で関東諸国から兵粮米や人夫などを徴発し、それがために関東の国々は衰退してしまった。京の朝廷も直方を罷免するしかなく、乱の勃発から二年たった長元《ちょうげん》三年（一〇三〇）九月、新たな追討使に、清和源氏《せいわげんじ》（清和天皇を祖とする賜姓皇族）の棟梁である源頼信《よりのぶ》が選ばれた。頼信は河内守を歴任し、その武名は関東にも鳴り響いていた。平忠常の乱が勃発した当時、頼信は甲斐国に赴任していたが、彼が追捕使に任じられるや、忠常は翌年早々、降伏した。直方が二年間も乱を鎮圧できなかったのが嘘のような、あっけない幕切れだった。忠常は頼信に臣従を誓い、都へ護送される途中、美濃で病死する。

この乱をきっかけに頼信は関東へ勢力を扶植し、のちに「源氏は東国」といわれる基礎をつくる。一方、乱の平定に失敗した直方の声望は地に落ちた。

鎌倉というと「源氏の都」の印象が強いものの、じつをいうと、鎌倉に館をはじめに構えたのは、関東をルーツとする平氏だった。直方は、頼信の嫡男頼義《よりよし》にその鎌倉の館を譲り、かつ、娘を彼へ嫁がせて、舅として威光をかろうじて保つしかなかった。頼義と直方の娘の間に生まれたのが源義家《よしいえ》。彼の時代に相模国の武士と主従関係を築き、玄孫《やしゃご》にあたる頼朝の旗揚げ当初からのスポンサーとなる相模の三浦一族らとの関係は、この義家の時代に築かれていた。

かたや、京や関東でジリ貧となった直方から北条時政に至るまで何代経《へ》たのかは系図によって分かれており、よくわからないものの、時政の時代には伊豆の北条（静岡県伊豆の国市）という在所を中心に、狩野川《かのがわ》流域のさほど広くはないエリアに蟠踞した小豪族になり下がっていた。頼朝旗揚げの際、時政が動員した兵力を二〇騎前後以下とする説もあり（細川重男《ほそかわしげお》著『執権』）、たとえば同じ伊豆の在地武士団である伊東一族（平氏方として活動）のそれが三〇〇騎以上と『吾妻鏡』に記されるから、比較するといかに北条氏がちっぽけな一族であったかがわかるだろう。時政の前半生もよくわかっていないが、先祖に「介《すけ》」（国司の二等官）と称する者がいたから、彼が伊豆国の在庁官人だったのはたしかだろう。そして地盤とする北条の地の東、蛭ヶ小島《ひるがこじま》（当時は狩野川が還流し、島のように洲をつくっていた）へ、永暦《えいりゃく》元年（一一六〇）三月、前年の平治の乱で父義朝とともに敗れた頼朝が配流されてきたことで運が開けた。その年、頼朝は一四歳。保元《ほうげん》二年（一一五七）生まれの政子は四歳。時政もいまだ二〇代前半の若さだった。

配流といっても囚人のような生活をしていたわけではなく、頼朝は近隣の武士の子弟と狩りを楽しむこともあった。その流人生活は、彼の乳母の一人である比企尼の実家の領地である武蔵国比企郡（埼玉県中央部）からの仕送りで賄われていた。頼朝の父義朝が鎌倉を本拠に関東へ勢力を伸ばしていたころ、比企掃部允《かもんのじょう》がその家人となって上洛につき従い、久安《きゅうあん》三年（一一四七）には、熱田大宮司《あつただいぐうじ》藤原季範《すえのり》の娘が実父の別邸（現愛知県名古屋市熱田区の誓願寺《せいがんじ》）で義朝の三男にあたる幼名鬼武丸《おにたけまる》（諸説ある）、のちの頼朝を出産し、掃部允の妻が三男の乳母となった。当時、乳母と乳を授けた子との絆は、現代人が想像するより深かった。頼朝は平治の乱で父義朝とともに敗れ、処刑されるべきところ、池禅尼《いけのぜんに》（平清盛の継母《ままはは》）の嘆願もあって伊豆へ配流されることでおちついた。掃部允と比企尼は頼朝の将来を案じ、都を去って所領のある武蔵国比企郡内へ引っこんだ後、「頼朝牢浪《ろうろう》の間、比企禅尼哀憐《あいりん》せしめ、武州比企郡より送粮《そうりょう》を運ぶ」（『吉見系図《よしみけいず》』）とあるとおり、その配流生活を支えつづけたのである。

一方、童女から少女へと成長する時代の政子と頼朝の関係を物語る史料や逸話は残念ながら見当たらない。頼朝と政子がどのように結ばれたのかも正直いってわからず、伝説に彩られている。たとえば『源平盛衰記』によると、頼朝が「北条館」へ通ううち、政子といつしか男女の関係になり、時政はその事実を知って驚き、山木兼隆《やまきかねたか》のもとへ嫁にだした。しかし政子はそれが嫌で兼隆のもとを抜けだし、夜通し歩いて走湯山伊豆山神社《そうとうさんいずさん》（静岡県熱海市）まで逃れた。兼隆はむろん怒ったが、伊豆山神社には僧徒が多く、押し入って奪い返すこともできず、また時政も頼朝の人柄をみこんで婿とした――。かなりドラマティックな展開だが、残念ながら史実とはいい難い。

まず二人の間の初めての子（長女）の大姫《おおひめ》（本当の名は不明＝大姫は長女という意味）の生年が治承《じしょう》二年（一一七八）ごろだから、頼朝と政子は遅くともその前年の治承元年には結婚していなくてはならない。ちなみに、その年は鹿ケ谷《ししがたに》の陰謀［注2］があり、いよいよ平氏が専横時代に入るころ。二人の結婚がその治承元年だとすると、政子は二一歳、頼朝は三一歳。時政は四〇歳になったばかりの働き盛り。義時は一五歳の多感なころだ。

さきほどの話のポイントになるのが山木兼隆だ。彼は頼朝挙兵のターゲットになる人物。平氏に任じられた伊豆の目代《もくだい》だからだ。伊豆の在庁官人の家である時政にしたら、兼隆が伊豆の目代だからこそ、娘を嫁がせようとしたという文脈になる。ところが、兼隆が伊豆の目代に任じられるのは治承四年（一一八〇）。つまり、治承元年の時点で兼隆は目代に任じられていない。それどころか、兼隆は父との不和が原因で検非違使を解官《げかん》され、伊豆に流されていた。つまり、治承元年の時点では頼朝と同じ流人であった。そんな兼隆へ時政が娘を嫁にだすとは思えないのだ。

おそらく、のちに頼朝が兼隆を襲って挙兵したことから、話に尾ひれがついたのだろう。とはいえ、まったく出鱈目とはいえない。内容をすべて信じることはできないものの、『吾妻鏡』には、頼朝の流人時代に「芳契《ほうげい》」、すなわち、頼朝と政子の喜ばしき結びつきがあったと書かれている。「北条殿（時政）」が平氏を恐れて政子を隠したが、彼女は諦めきれず、「暗夜を迷い、深雨《しんう》をしのぎ、君（頼朝）の所へ至る」という。彼女の激しい恋情《れんじょう》が伝わってくる。

『吾妻鏡』によると、頼朝が以仁王《もちひとおう》［注3］の令旨を受け取ったのは「北条館」。よって、この夫婦の新居は時政の屋敷ということになる。こうして政子の運命をわける瞬間が近づいていた。

［注1］阿波局＝源頼朝の異母弟（源義経の実兄）である阿野全成《あののぜんじょう》に嫁いだ。建仁三年（一二〇三）に夫の全成が謀叛の疑いで鎌倉を追放され、伊豆の修善寺《しゅぜんじ》で殺されたが、彼女は政子に庇護された。

［注2］鹿ケ谷の陰謀＝僧俊寛《しゅんかん》らが中心となり、平氏打倒の陰謀を巡らせたというのが通説。密告によって発覚し、僧西光《さいこう》は死罪、藤原成親《なりちか》は備前国に配流後殺害され、ほかは薩摩国鬼界ケ島《きかいがしま》に流された。一方、西光が荘園の帰趨を巡って比叡山延暦寺《えんりやくじ》と争い、後白河法皇が彼を支持していたことから、延暦寺との衝突を回避したいと考えた清盛がなかば陰謀をデッチ上げ、すべての元凶である西光一派を葬り去ろうとしたという説もある（河内祥輔・新田一郎著『天皇と中世の武家』）。

［注3］以仁王＝後白河法皇の第三皇子（第二皇子という説もある）。延暦寺で僧となるが、その後、還俗《げんぞく》。有力な皇位継承権者でありながら、甥の安徳《あんとく》天皇（高倉《たかくら》天皇の第一皇子）が清盛に支持されて即位したことにより、「兄・高倉上皇―甥・安徳天皇」ラインへと皇統が引き継がれ、完全に干される形になった。しかも、以仁王が比叡山延暦寺と帰属を巡って争ってきた所領が清盛の横やりによって返還せざるをえなくなり、平氏を恨

み、全国の源氏へ令旨を発した。

其の二　夫頼朝の旗揚げと避難生活

『吾妻鏡』は、政子と頼朝が結婚した四年後の治承四年（一一八〇）四月二七日付で、以仁王の令旨が伊豆の「北条館」へ届いたという記事を掲載している。頼朝は装束を水干《すいかん》にあらため、男山（石清水《いわしみず》八幡宮＝京都府八幡市）の方角を遥拝《ようはい》し、謹んで令旨を開いた。つづいて『吾妻鏡』は「上総介《かずさのすけ》平直方の五代の孫にあたる北条四郎時政は伊豆国の豪傑であり、頼朝を婿として以来、常に無二の忠節を示していたので、頼朝は真っ先に時政を呼んで令旨を開いてみせた」と記す。北条館に令旨が届けられたのは事実だろうが、果たして、四月二七日という日付は正しいのだろうか。

以仁王の令旨が頼朝の元へ届けられてから、旗揚げの八月一七日までほぼ三ヶ月半の空白期間があるからだ。流人の頼朝が挙兵するにはそれくらいの準備が必要だという声もあるだろう。しかし、頼朝が旗揚げへ本格的に動きだすのは八月に入ってから。やはり、三ヶ月の空白が生じる。平氏への謀叛が露見した以仁王は五月一五日の深夜、京の三条高倉の御所を抜け、近江の園城《おんじょう》寺《じ》へと逃亡するが、彼が諸国の源氏へ令旨を発するのは、その園城寺へ逃れた以降とする説もある（永井《ながい》晋《すすむ》著『源頼政と木曽義仲』）。ところが、『吾妻鏡』はその二週間以上も前に、伊豆の頼朝のもとへ令旨が届いたと説明しており、そうすると矛盾はますます深まる。

この矛盾について「鎌倉幕府の影響下にある『吾妻鏡』は、以仁王からの令旨を最初に受け取ったことにしたいので、令旨の日付や受け取った時期を四月へさかのぼらせた可能性がある」（前同）という。『吾妻鏡』の性格を考えると、ありえる話だ。頼朝がこの年の一〇月二七日に常陸の佐竹秀義《さたけひでよし》（清和源氏の庶流一族）追討へ出陣する際、三四歳の彼にとってその日が厄日《やくび》の御衰日《ごすいにち》にあたっていたため、わざわざそんな厄日を選んだ出陣に御家人らは首をかしげたが、『吾妻鏡』は「四月二七日に以仁王の令旨が届き、関東を支配するようになったのであるから、むしろ追討をおこなうには、二七日というのはいい日取りだ」という頼朝の言葉を掲載している。『吾妻鏡』の編纂者（不明）は、佐竹追討のために悪日であることを厭わず出陣した事実を援用《えんよう》し、頼朝に旗揚げ日との関連でわざわざ前述した言葉を語らせ、四月二七日という日付に信憑性をもたせようとしたのではなかろうか。

ともあれ、伊豆に令旨が伝わったのが五月一五日以降だったとしても、それで謎が解けたわけではない。頼朝が挙兵準備に入るまでまだ二ヶ月半ほどの空白期間があるからだ。

ところで、以仁王の令旨を受け、源氏の中で最も早く挙兵したのが源頼政《よりまさ》［注1］。彼は以仁王に合流して園城寺から南都興福寺《なんとこうふくじ》へ向かう途次、宇治で平氏の追討軍に追いつかれ、討ち死にしている。そのとき頼政嫡男の仲綱《なかつな》も討ち死にしたが、仲綱の子の有綱《ありつな》が目代として伊豆に在国していた。そもそも伊豆は、頼政が知行国主、仲綱が国守に任じられており、源頼政の地盤ともいえる土地だった。つまり、清盛は伊豆でうごめく頼政の残党の動きを警戒していたのだ。

のちの関白九条兼実《くじょうかねざね》の日記『玉葉《ぎょくよう》』には「(清盛が)仲綱の息(子息)追討のために武士等を遣わす」とあり、相模国の豪族大庭景親《おおばかげちか》が清盛から有綱追討の任を与えられた。その知らせが六月一九日になって頼朝のもとへ届けられたと考えられる。というのも、『吾妻鏡』によると、頼朝の乳母(比企尼とは別の女性)を伯母にもつ三善康信《みよしやすのぶ》(のちの鎌倉幕府問注所執事《もんちゅうじょ》)の使者が伊豆へ下向して頼朝と対面。彼は、以仁王が敗死した事実を伝え、「君(あなた)は源氏の正統(嫡流)である。ここは危険であるから奥州へ逃げたほうがよい」という康信の言葉を伝えたのである。このとき以仁王の令旨が頼朝に届いていたかどうかは微妙だが、初めて頼朝は身に危険が及んでいることを知ったのだ。

つまり、これまでノーマークだった頼朝も、頼政の残党狩りをおこなう清盛の視界に入り、有綱ともども追討されかねない状況となり、窮鼠猫を噛むの例えどおり、追いこまれて挙兵に至ったといえよう。六月二七日には京で大番役についていた三浦義澄《よしずみ》と千葉胤頼《ちばたねより》が関東下向の途次、伊豆に立ち寄って頼朝と密談している。三浦・千葉両一族がのちに頼朝の挙兵を支えることを考えると、康信の使者から危急の知らせを受けた頼朝が二人と密談した六月末に旗揚げの準備をはじめたとしたら、残りは一ヶ月半。それくらいの準備は必要だから、空白の謎は消える。

一方、旗揚げに定めた八月一七日は三島大社《みしまたいしゃ》の祭礼にあたっていた。そのため館の警備が手薄になり、頼朝勢はその日の夜、北条時政・義時父子や土肥実平《どひさねひら》、佐々木定綱《ささきさだつな》・経高《つねたか》兄弟ら総勢八〇騎ほどの小勢で、平氏の目代である山木兼隆と後見人である堤信遠《つつみのぶとお》の館を襲い、見事、兼隆らを討ちとった。

二日後（一九日）、政子は伊豆山神社の文陽房覚淵《もんようぼうかくえん》の坊へ移った。夫の旗揚げが成功するまで何が起こるかわからないので、僧兵を擁する山中へ避難した形だ。そうやって政子が難を避けた四日後の二三日、頼朝は父祖代々の源氏の拠点である鎌倉入りを急ごうと三〇〇騎を率い、相模国へ進出したものの、石橋山《いしばしやま》の合戦（神奈川県小田原市）で大敗する。

平氏方は相模の大庭景親を中心に武蔵の熊谷直実《くまがいなおざね》（のち頼朝に降る）らも加わり、総勢三〇〇〇余騎に及んでいた。頼朝が頼りにした三浦一族が大雨による川の氾濫で合戦に間に合わないという不運もあり、多勢に無勢が最大の敗因だった。頼朝は箱根権現《はこねごんげん》へ身を隠し、八月二八日、真鶴《まなづる》岬《みさき》で土肥実平の船で洋上へと逃れた。頼朝一行は洋上で三浦一族と合流し、安房へ無事上陸した。夫の消息を知らない政子は九月二日に伊豆山神社近くの阿岐戸《あきと》郷というところへ避難先を移し、そこへ土肥遠平《とおひら》（土肥実平の嫡男）が頼朝の使いとして真鶴からやってきた。こうして政子は、夫が合戦に敗れたのちに無事真鶴から船に乗った事実を知る。ただ、そこからの安否は知れず、いったんは安堵したものの、ふたたび悲しみに暮れるのだった。ちなみに、石橋山の合戦で時政の嫡男宗時が亡くなっている。一方、時政と義時は無事で、この父子は頼朝と同じ清和源氏の一族である甲斐源氏の武田信義《たけだのぶよし》［注2］の力を借りるべく真鶴から安房、安房から甲斐へと向かい、彼らとの連携に成功する。

安房へ逃れた頼朝もかねてより、ともに挙兵の準備を進めていた千葉一族ら房総半島の武士を糾合しようとした。その思惑どおり、上総広常《ひろつね》と千葉常胤《つねたね》らに支持され、房総半島を制圧した頼朝の軍勢は三万騎（『吾妻鏡』）にふくらんだ。こうして一ヶ月後の一〇月二日には、下総の国府（千葉県市川市）から西へ進んで大井・隅田川を渡り、武蔵国へ入った。六日には相模国へ、次いで七日には目標だった鎌倉入りを遂げた。頼朝は父義朝の屋敷のあった亀谷《かめがやつ》に住むつもりだったが、土地がさほど広くなかったため、大庭景義《かげよし》［注3］に命じて新たな御所を造らせた。それが源氏三代の拠点となる大倉御所（いまの鶴岡八幡宮の東北にあった）。それが完成するまで代用の屋敷を移築してそこを仮の住まいとした。このころには政子も夫の旗揚げの成功を耳にし、胸を撫でおろしていた。

一〇月一〇日、阿岐戸郷の避難所をでた政子は、鎌倉由比ヶ浜《ゆいがはま》の手前にあたる稲瀬川《いなせがわ》の民家まできて一泊し、翌朝の卯《う》の刻（午前六時ごろ）、大庭景義に迎えられながら鎌倉の地を踏んだ。こうして彼女の避難生活は終わりを告げるのだった。

しかし、政子が夫と再会し、一五日に新造なった御所へ入ったのも束の間。平氏の追討軍が都から駿河に入ったという知らせが届くと、頼朝は一六日に鎌倉を発った。こうして一〇月二〇日、有名な富士川の合戦がおこなわれる。

富士川の沼島《ぬましま》に群れる水鳥が何かに驚いて一斉に飛び立つと、その羽音を聞いた追討軍の兵らは、源氏の急襲だと勘違いし、大慌てで退却したという逸話が残る合戦だ。ただし、平氏の兵はただただ臆病風に吹かれていたわけではない。源氏方の軍略がうまくいった結果だった。政子の父時政と弟義時は前述したとおり、武田勢と連携するため甲斐入りしており、二万騎の武田勢をともない、一八日に黄瀬川《きせがわ》（静岡県駿東郡清水町）に着陣した鎌倉勢と合流していた。そして合戦当日、「武田信義兵略を巡らし」（『吾妻鏡』）、武田勢がひそかに平氏の軍勢の背後にまわって夜襲を敢行。その際に水鳥が一斉に羽音を立て、平氏の兵たちはそれを軍勢の音だと勘違いし、退却したという。実際に源氏の急襲はあったのである。だとすると、この有名な合戦の勝敗をわけたのは武田勢の夜襲にあり、時政・義時父子の手柄であるともいえる。

いずれにせよ、いわば官軍という名の平氏軍がいとも簡単に敗れたことにより、平氏は衰退を余儀なくされる。全国で平氏の専横への反発が強まり、こうして鎌倉の頼朝に時間的余裕を与える結果になった。頼朝はそのまま平氏を追って都入りするという選択肢をとらず、関東の安定を図ることにした。頼朝に従わない佐竹秀義を討つため、常陸へ向けて出陣したのが前述したとおり、一〇月二七日の御衰日のこと。そして翌月の一七日、佐竹追討の成果をあげ、鎌倉に凱旋した（のちに佐竹氏は頼朝に降伏）。

年が明けて治承五年（一一八一）閏二月には平清盛が死去。平氏方は清盛という主柱を失ってのち没落していったといわれるが、一気に都落ちへの道をひた走ったわけではない。あらたな平氏の総帥となった平宗盛《むねもり》は頼朝からの和平の話を突っぱね、父清盛の意思を継ぎ、鎌倉勢との対決姿勢を明確にした。ただ、鎌倉勢と大きな合戦がおこなわれないまま、その年の七月に養和《ようわ》と改元され、年末を迎えた。

そして一二月七日、『吾妻鏡』は「御台所（政子）御悩。よって営中（御所）の上下群集す」という記事を載せる。政子が病気にかかり、御所は上や下への大騒ぎになる。それだけ、「鎌倉殿」である頼朝夫人、すなわち御台所としての政子の存在が大きくなっていたことを物語っている。

それでは政子はどんな病気にかかったのだろうか。

［注1］源頼政＝保元の乱（一一五六）には後白河天皇方として源義朝とともに戦ったが、平治の乱（一一五九）には彼に従わず、平清盛方についた。昇殿を許され、清盛の推挙により、清和源氏としては異例の従三位《じゅさんみ》に叙せられた。翌年出家し、源三位《げんさんみ》入道と呼ばれる。

［注2］武田信義＝頼朝より駿河国の守護に任ぜられた。しかし甲斐源氏の勢威を警戒する頼朝は信義に叛意の有無を糾問し、元暦元年（一一八四）には信義の嫡男一条忠頼《ただより》を誅殺した。このとき信義も頼朝の勘気をこうむ

り、失意のうちに一生を終えた。

［注3］大庭景義＝保元の乱（一一五六）では頼朝の父源義朝に従い、白河夜討ちに奮戦。治承四年（一一八〇）の旗揚げの際には、相模大住《おおすみ》郡豊田に拠る弟豊田次郎景俊と頼朝に応じた。石橋山の合戦で頼朝軍を破った景親はもう一人の弟。降参した弟を斬った。鎌倉の大倉御所や鶴岡八幡宮の造営奉行も勤めた。武家の古老として頼朝に重用され、一時、鎌倉を追放されたものの、許されて頼朝の上洛に供奉《ぐぶ》した。

其の三　政子の出産と夫の不倫

養和《ようわ》二年（一一八二）は日本全土を飢饉が襲い（養和の大飢饉）、戦いどころではなくなって源平両勢力とも暗黙のうちに休戦の状態となった。その年の二月一四日付の『吾妻鏡』は、政子が懐妊したという噂に触れている。前年暮れに大騒ぎになった政子の病気というのは妊娠にともなう体の不調、つわりだった可能性がある。三月九日には着帯の祝いがおこなわれ、頼朝が安産を祈願し、鶴岡八幡宮への参詣の道を整備した。これがいまも由比ヶ浜からまっすぐ八幡宮まで伸びる若宮大路である。余談だが、頼朝の父義朝は武神である石清水八幡宮を鎌倉へ勧請《かんじょう》し、若宮とした。もともと由比ヶ浜にあったが、頼朝が鎌倉入りした後、いまのところへ社殿を造営した。のちに本宮が石段の上に造られるが、それまでは若宮をもって社殿とした。だから、鶴岡八幡宮への参道を若宮大路という。

こうして頼朝が妻の安産を祈願したところまではよかった。ところが、政子が妊娠中の六月一日、『吾妻鏡』は、頼朝が寵愛する亀前《かめのまえ》という女性のもとへ通ったという記事を残している。妻の妊娠中に愛人と密会しているのだ。彼女とは、流人時代からの関係だという。ただし、このときはまだ政子の耳に夫の不倫の話は入っていなかったようだ。

養和元年は五月に寿永《じゅえい》と改元され、七月一二日になって政子は産所へ移った。産所は比企能員《よしかず》の屋敷。頼朝は、流人時代に支援を惜しまなかった乳母の比企尼に感謝し、やがて彼女を呼んで屋敷を与えた。尼が住んだところを比企谷《ひきがやつ》といい、尼は甥の能員を養子に迎えた。政子は八月一二日、その比企谷殿（能員の屋敷）で男子を無事出産する。のちの二代将軍頼家である。

一〇月一七日、政子と若君（頼家）の母子二人が産所の比企谷殿から御所へもどってしばらくたったころ、頼朝が愛人（亀前）を伏見広綱《ふしみひろつな》という御家人の屋敷に囲っているという話が政子の耳に入る。継母の牧の方（時政の後妻）が告げ口したのだ。政子は継母の実父である牧宗親《まきのむねちか》に命じ、広綱の屋敷を破壊させた。亀前は別のところへ逃れたが、こんどはその宅を訪ねた頼朝が事実を知り、宗親を呼び出し、髻《もとどり》をきって辱めた。しかし、この不倫問題は、夫婦の激しい応酬だけでは終わらなかった。

頼朝に辱められた宗親が婿の時政へ泣きつき、その処罰を不満に思った時政は、その日の晩、鎌倉から地元の伊豆へ引っこんでしまう。いまでいうストライキだ。頼朝は当然のことながら、激怒する。『吾妻鏡』によると、頼朝は何かを思い出したように梶原景季《かげすえ》（頼朝の側近梶原景時《かげとき》の嫡男）を呼び、「義時が鎌倉にいるかどうか確認して参れ」と命じた。義時も景季も同じく、頼朝の親衛隊というべき寝所伺候衆《しんじょしこうしゅう》のメンバー。つまり、義時が父時政と同道して伊豆へ下ってしまったのではないかと心配になった頼朝が、同僚である景季に様子をみてこいといったのだ。義時が鎌倉にいるとわかった頼朝はわざわざ召し、「北条（時政）が不満を抱いて下国したのはわが本意にたがえるところ。汝《なんじ》（義時）はわが命を察し、父に従わなかったこと、まことに殊勝である。汝は必ずや子孫の守りとなるであろう。恩賞は追って与える」といった。

以上、時政のストライキにまで発展した不倫問題だが、ここからいくつか重大な事実がみえてくる。

頼朝は流人時代に政子と結婚する前、亀前とは別に、伊東祐親（頼朝の挙兵後は平氏方として大庭勢とともに頼朝を石橋山でやぶる）の娘八重《やえ》姫のもとへ通い、子までもうけていた。彼女との仲は、平氏へ忖度する祐親によって引き裂かれ、子は無惨にも殺された。つまり、今風にいうなら頼朝はバツイチ。政子とは再婚の形になる。

頼朝にとって好きな女性のもとへ通うのは別段めずらしいことではなかったのだろうが、政子の考えは別のところにあった。中世の「家」では「室《しつ》」と「妾《しょう》」のちがいが明確であり、室、すなわち正室が「家」を切り盛りし、夫の役割を補完する役目を担う。また正室は、「家」の財産や儀式・祭祀を管理した。亀前は良橋《よしはし》太郎入道という伊豆の豪族の娘であり、政子と同じような立場の女性だ。しかも頼朝との関係は流人時代からつづく腐れ縁。彼女に「室」の座を明け渡すわけはいかない。自分こそが「鎌倉殿」の「御台所＝正室」だという立場を世間に示すために、亀前（妾）の隠れ家を破却したのだ。

中世、離縁された前妻が後妻のもとへ箒などを武器に押し寄せる習俗を「うわなり（後妻）討ち」という。うわなり討ちは後妻への嫌がらせが目的だが、政子の場合、正妻が妾にその立場をわきまえらせる目的で実力行使に及んだのだ。一般的に政子の嫉妬深さや勝気な性格の象徴として紹介される逸話だが、やはり、「鎌倉殿（頼朝）」の「家」を守る「御台所」という視点、鎌倉時代の女性の地位という観点から解釈すべきだろう。

もちろん、政子に嫉妬心がなかったとはいわない。平氏滅亡後の文治《ぶんじ》二年（一一八六）にも頼朝が御所の女房の一人である大進局と通じ、子を孕ませたことがあった。政子は彼女に御所で出産することを許さず、若君（のちの貞暁＝プロローグ参照）誕生後も出産の儀式はすべて省略させた。政子は大進局を京へ追い払ったものの、生まれた若君に罪はない。大進局の父は伊達常陸《だてひたち》入道念西《ねんさい》という御家人（かの伊達政宗《まさむね》の遠祖）。御台所の政子との立場のちがいを明確にする（すなわち正室権を認めさせる）必要はあるものの、生まれた子の命まで奪おうとしなかった。政子は、長門景《ながとかげ》国《くに》（有力御家人の加藤一族から大江氏へ養子に入った大江景遠《かげとお》の子）がその若君を育てることを認めている。

また、丹後内侍《たんごのないし》と呼ばれる女房と頼朝に関係する伝承にも政子が登場する。頼朝の子を宿した丹後内侍は、政子の悋気を恐れて摂津住吉《すみよし》（大阪市）まで逃れ、住吉社の社頭で産気づき、男児を出産する。頼朝はのちにその話を聞き、成人したわが子に日向・薩摩・大隅の三ヶ国を与えたという。

その男児が島津氏初代の島津忠久《ただひさ》だとされ、丹後局が抱きかかえてわが子を産んだときの石が「誕生石」として残り、その住吉大社は島津氏発祥の地とされている。以上はあくまで伝承だが、丹後内侍という女性は、頼朝の乳母比企尼の娘として実在する。たしかに彼女は男性遍歴に彩られた女性で、二条天皇に仕え、惟宗広言《これむねひろこと》という近衛《このえ》家の家司《けいし》と密通して忠久を産み、その後、配所時代からの頼朝の側近である安達盛長《あだちもりなが》に嫁いだ。彼女が広言と密通して産んだ惟宗忠久が頼朝に島津荘（日向・薩摩・大隅の三国にわたる荘園）の地頭職を与えられ、彼が島津氏の祖となったのは事実だ。おそらく、文治二年（一一八六）六月一〇日付の『吾妻鏡』に、病に倒れた丹後内侍を頼朝が密かに見舞ったという記事が掲載されているから、その事実が誤解を生み、丹後内侍は頼朝とも浮名を流すことになったのではないか。ただし、頼朝が彼女を見舞ったのは、恩人ともいえる比企尼の娘だったからだろう。

こういう伝承がうまれるのも、政子が「妬む」存在として意識され、それが伝わっていった結果だと考えられるが、政子の暴力には立場のちがいを明確にする目的があり、単なる「嫉妬心」

として解釈すべきではないと考えている。

亀前の事件において、そもそも政子は彼女を匿った御家人の屋敷を破却しているのだから、これが後世の男性優位の考えが進んだ戦国時代の話なら、単なる嫉妬深い女性や勝気な性格だったからで許される問題ではない。大名の奥方とはいえ、主人に無断で家臣の家を破却するのはありえない話だ。そんなことをしたら、奥方が処罰の対象になる。しかし、この事件の場合、屋敷を破却された広綱がそのことで反論した形跡がなく、逆に彼は政子を怒らせたという理由で遠江へ流されている。これは政子に――というより「御台所」に、源氏の棟梁（家長）に準じる権限があったからだろう。歴史学者の田端泰子氏（前出）は「頼朝の御家人は自分自身の御家人でもあると、政子は意識していた」（「鎌倉時代の結婚」『歴史読本』八五六号所収）とする。

また頼朝は頼朝で、政子のそういう立場を認めていた。というのも、頼朝が怒って宗親の髻をきったのち、「御台所を重んじるのは神妙であるが……」（『吾妻鏡』）と、彼が政子の命に従ったことを責めるどころか、認めているからだ。

次にこの事件からは、時政・義時父子と頼朝との関係が浮かびあがってくる。『吾妻鏡』は以仁王の令旨が届いたくだりで「（時政が）頼朝を婿として以来、常に無二の忠節を示していた」「頼朝が真っ先に時政を呼んで令旨を開いてみせた」などと頼朝・時政の良好な関係をにおわせているものの、実際の舅と婿の関係はそういかなかったようだ。その二人に比べると、頼朝と義時の君臣関係は蜜月といってもいいのではなかろうか。直に呼びつけて問いただすのではなく、わざわざ梶原景季に鎌倉にとどまっているか確認させているあたり、まるで気難しい寵姫に対するような扱いだ。

それでは引きつづき、頼朝と政子、時政・義時父子の四者を中心に、治承寿永の内乱（いわゆる源平合戦）を追ってみよう。

其の四　長女大姫の悲劇

頼朝の不倫騒動があった翌年の寿永二年（一一八三）は、鎌倉の頼朝、京の平宗盛に次ぐ第三勢力が台頭し、かつ没落する年となった。木曽《きそ》（源）義仲である。

義仲は義朝の弟義賢《よしかた》の次男で頼朝の従弟。以仁王の令旨をうけ、頼朝に少し遅れ、信州の佐久《さく》で挙兵する。義仲はいったん上野国へでたが、そこは関東。頼朝の勢力圏と重なるため、軋轢をさけ、信濃で勢力を広げた。ところが、頼朝との関係は悪化する。というのも、頼朝と対立する叔父たちと義仲が合流したためであった。叔父の一人は、伊豆へ以仁王の令旨をもたらした源行《ゆき》家《いえ》。もう一人の叔父は行家の兄で源義広《よしひろ》という。常陸国志田《しだ》（茨城県稲敷《いなしき》郡）に住み、志田義広といわれた。彼は、頼朝が鎌倉を留守にした隙をついて兵を挙げ、鎌倉勢に敗れていた。

そこで頼朝と義仲の両者和睦の証しとして義仲の嫡男志水冠者義高《しみずかじゃよしたか》が政子の長女大姫の婿とな

るため鎌倉へ送られた。いわゆる和睦のための人質だ。

こうして鎌倉との関係を改善した義仲の木曽勢は、その後相次いで反乱に立ちあがった北陸の武士らと寿永二年五月、越中から加賀へ抜ける倶利伽羅《くりから》峠で平氏の追討軍に圧勝する。義仲は、平維盛《これもり》を大将とする追討軍を峠の隘路《あいろ》へ釘付けにし、夜を待って襲撃した。こうして追討軍の兵は峠の断崖から転げ落ち、大敗北を喫するのだ。このとき「火牛の計《かぎゅうのけい》」といって、義仲が牛の角に松明をつけて敵中へ放ったという伝承があるものの、事実ではないだろう。ただ、義仲の木曽勢はこの余勢を買い、都へ迫った。

平氏は安徳天皇と三種の神器を伴い、都を明け渡す。ただ、後白河《ごしらかわ》法皇を都落ちに同行させられず、こうして平氏は追討される側、つまり賊軍となってしまった。

西海へ逃れた平氏は九州の太宰府に入った。しかし、平氏の息がかかっていた九州も安泰とはいえなくなり、反平氏の武士らに追われる形で一門は、都落ちした時とは逆に東へ、讃岐の屋島（香川県高松市）まで逃れることになった。まるで行き場をなくして流浪しているようにみえるが、平氏軍は阿波の在地武士らの助けを借りて屋島で地歩を固め、内裏をもうけて安徳天皇の行在所《あんざいしょ》とした。屋島はその名のとおり、屋根の形をした溶岩台地。いまでは陸つづきの半島として扱われているが、当時は瀬戸内海に浮かぶ小島だった。

ここに、九条兼実が『玉葉』に「天下の体《てい》、三国史のごとし」と記したとおり、中国で魏《ぎ》・

呉《ご》・蜀《しょく》の三国が鼎立《ていりつ》した時代のような混戦状況となる。

三勢力のうち、まず木曽勢が七月二八日、平氏が都落ちして軍事空白になった京へ入ったものの、のっけから後白河法皇と義仲の関係はうまくいかなかった。法皇は近臣の中原康定《やすさだ》を鎌倉へ送り、実際に平氏を都から追い落とした義仲より頼朝の勲功を上にあげたほど。義仲は頼朝の従弟だが、どこか素性を蔑む気持ちが法皇の心の中に潜んでいたのかもしれない。だが、後白河法皇は義仲に平氏追討を命じた。義仲を都から追いだす意図があったのだろう。ただやはり、義仲が平氏を都落ちさせた意味は大きかった。近江源氏の山本義経《やまもとよしつね》や甲斐源氏一族の安田義定《やすだよしさだ》までが頼朝の陣営を脱して義仲のもとへ走り、源氏の棟梁としての頼朝の求心力が急速に低下したのだ。

ふたたび義仲への危機感を抱いた頼朝は朝廷工作をはじめ、義仲を快く思っていない後白河法皇との間に妥協が成立する。寿永二年閏一〇月一四日付『玉葉』に「東海・東山・北陸三道の庄園・国領、本のごとく領知すべきの由、宣言せらるべきの旨、頼朝申し請《こ》う」とあり、義仲への配慮もあって、のちに北陸道ははずされたものの、頼朝に東国諸国の支配権が与えられた。宣旨の発布と同時に、頼朝は配流前の官位である従五位下右兵衛権佐《じゅごいのげうひょうえのごんのすけ》に叙せられ、こうして鎌倉幕府と呼ばれる政治体制の基礎が作られた。これを寿永二年一〇月宣旨《せんじ》という。

この宣旨に義仲は激怒するが、平氏追討の命を受けていた彼には平氏との戦いが待ち受けていた。平氏が屋島に拠点を造営しだしたころ、瀬戸内海をはさんだ対岸の水島（岡山県倉敷市）で平氏軍と木曽勢が戦った。それぞれ木曽勢が乙島《おとしま》、平氏方が柏島《かしわじま》という沿岸部の島に陣取り、閏一〇月一日、両島の間の狭い海峡で水軍を率いて戦ったが、『源平盛衰記』によると、その日、金環日食《きんかんにっしょく》が起こり、山国の兵で海戦を苦手とした木曽勢が驚き、大敗したという。こうして義仲軍は撤兵せざるをえなくなった。

一方、一〇月宣旨をえてようやく上洛を企図した頼朝は、水島の合戦で木曽勢が敗れてしばらくたったころ、異母弟の源義経と源範頼《のりより》［注1］を大将に上洛軍を派遣した。二人の兄弟のうち義経は、義朝と愛妾常盤《ときわ》御前との間に生まれた今若《いまわか》・乙若《おとわか》・牛若《うしわか》の三兄弟の末子。平氏の手を逃れ、奥州平泉で匿われていたが、異母兄の頼朝の旗揚げを知り、富士川の合戦後、頼朝と黄瀬川の陣で対面していた。彼は政子とも運命の糸を微妙に絡ませることになるが、それは後述する。

さて、焦った義仲が十一月一九日、後白河法皇の御所である法住寺殿《ほうじゅうじでん》を攻め、法皇らを幽閉する一方、年が明けて寿永三年（一一八四）正月八日、水島の合戦の勝利で勢いづいた平氏は勢いを盛り返し、摂津の福原（兵庫県神戸市）入りを果たし、二〇日には安徳天皇を福原へ迎え入れた。平氏は清盛の時代の拠点を奪回したのである。

事態がめまぐるしく動くなか、安徳天皇が福原入りした日、伊勢から鈴鹿峠を越えて伊賀に入って北上していた義経は、宇治で義仲軍をやぶった（宇治川の合戦）。範頼もまた近江の瀬田の防御ラインを突破し、鎌倉勢が京の北と南から攻めこみ、同日中に両軍が入京。同じ日、義仲は落ちのびる途次、近江の粟津《あわづ》（滋賀県大津市）で討ち死した。

こうして鼎立していた三勢力のうち、木曽勢が消え、鎌倉勢と平氏がまともにぶつかることになる。早くも正月二六日、後白河法皇は平氏の総帥である宗盛追討の宣旨を鎌倉勢に与えた。鎌倉勢の攻撃目標はむろん、平氏が奪回したばかりの福原。一方、平氏は福原の東西に木戸口（柵）をもうけ、東の生田口（神戸市街）と西の一ノ谷口（須磨海岸付近）の間を城砦としていた。この福原を中心とする平氏の本営は、城門にあたる東西の木戸口さえ守ることができたら、南は海、北は山という要害の地。

こうして鵯越《ひよどりごえ》の逆落としで有名な一ノ谷の合戦がおこなわれる。大手の生田口方面の大将は範頼がつとめ、義経が搦め手方面の一ノ谷口の大将だった。そこで義経は常識をやぶり、鵯越をへて一ノ谷の背後の急峻な山を逆落としに攻め下ったというのが通説。

しかし、（イ）「多田行綱《ただゆきつな》［注2］が山方より寄せ、最前に山手を落さる」（傍点は筆者記す）という『玉葉』の内容（ロ）多田行綱が山を下った先が山手方面、すなわち大手口方面だったこと（ハ）これまで不明だった鵯越という古道が山手方面へ通じる古道だと判明したこと（ニ）その古道沿いの藍那《あいな》（神戸市北区）には相談ヶ辻という分岐点があり、道を左の鵯越方面へとるか右の一ノ谷方面へ進むかで、義経が配下の者と相談したという伝承が残っていること——から、筆者は次のような仮説をたてた。

①多田行綱は義経軍の一手であり、藍那で義経の軍勢と別れ、手勢を率いて鵯越えした。
②よって鵯越えをし、平氏軍をやぶったのは行綱。ただし襲った先は一ノ谷ではなく山手だった。
③義経は、鵯越えをしなかった。義経が藍那あたりで道案内をつけていることが『平家物語』で確認でき、義経は藍那から一気に獣道のような間道を駆け抜け、一ノ谷の平氏の陣地の背後へ迫った（山を逆落としせずとも平氏の背後にでられる）。
④この行綱と義経二人の話があわさって「源義経が鵯越のルートをとり、一ノ谷の平氏軍の背後をついた」という誤解が生まれた。さらに行綱と義経のいずれもが急襲だったために、「逆落とし」という尾ひれがついた――のではなかろうか。

ともあれ、義経と行綱の活躍で平氏は安徳天皇の行在所のある屋島へ退却せざるをえなくなったのである。

その一ノ谷の合戦の三ヶ月後、四月一六日に寿永から元暦《げんりゃく》へと改元されたばかりの二一日、鎌倉の御所の女房の間で不穏な噂が広がった。

木曽義仲の嫡男で大姫の夫である志水冠者義高が頼朝によって誅殺されるという噂だった。ただの噂ではなく、出所を探ると、頼朝の側近にたどりつくから、話は事実のようだった。当時、義高は一二歳で大姫はわずか七歳。二人とも夫婦生活を送れるような年齢ではなかった。ただ、プロローグで述べた竹御所と三寅（九条頼経）のケースとちがい、和睦の証しなのだから、形だけの夫婦でよい。ところが、形ばかりの夫婦とはいえ、仲はよかったようだ。七歳の大姫にしたら、義高はやさしい兄という存在だったのかもしれない。

女房たちが大姫に誅殺の話を伝え、彼女は義高を密かに逃がそうとして、その形ばかりの夫に事の次第を告げるのだ。そこで義高は計略をめぐらせ、女に扮装し、大姫の女房とともに脱出した。義高の身代わりになったのは、いつも彼の座右に仕え、双六の相手をしていた幸氏《ゆきうじ》（信濃の在地武士海野《うんの》一族）。義高と同じ年だった彼は夜になって帳台《ちょうだい》（寝台）に入り、宿衣《しゅくえ》（宿直装束《とのいしょうぞく》）を頭までひっかぶり、髻だけだして寝ていたので宿直の者も義高がいなくなったことに気づかなかった。翌朝、身代わりの幸氏はひとりで双六を打っていた。義高の双六好きはよく知られていたのでこれまた、誰にも悟られなかった。だが、そう長い間は欺けない。夜になって事が露見し、激怒した頼朝は幸氏を捕らえ、旗揚げ以来の御家人である堀親家《ほりちかいえ》に義高を討ち取るよう命じた。義高は武蔵国で追手に捕らえられ、四月二六日、入間河原（埼玉県狭山市）で堀親家の郎党藤内光澄《とうないみつずみ》に討たれたことが判明。その後、五月一日になって義高の残党が甲斐と信濃に隠れ、謀反を企てていることがわかり、足利義兼（北条時政の娘婿）や小笠原長清《ながきよ》が甲斐へ、信濃には小山《こやま》・宇都《うつの》宮《みや》・比企・河越・豊島《としま》・足立《あだち》ら主だった御家人が派遣された。義高殺害が頼朝の政権を揺るがせかねない事態に発展したわけだが、頼朝は家庭でも問題に直面することになった。

秘匿していた義高の死が、大姫の耳に入ってしまったのだ。愁嘆のあまり彼女は飲食を絶ち、政子も娘の心中を察し、嘆き悲しんだ。大姫はついに病床に伏し、日ごと憔悴していった。そんな娘をみて政子は「（姫の）病気は志水冠者の死から起こったものであり、すべて堀親家の郎党の不始末による。たとえ仰せ（命令）を承っていたとしても、なぜ内々に事情を姫に話さなかったのか」（『吾妻鏡』）と夫に意見した。

妻にせっつかれた頼朝は六月二七日、義高を討った堀親家の郎党を処罰した。だが、この事件もまた政子の気性の激しさだけで語られるべきではないと考えている。

政子は郎党の義高殺害を問題にしたわけではない。「たとえ仰せ（命令）を承っていたとしても」といっているとおり、頼朝の命は命で尊重している。彼女が問題にしているのは誅殺した事実を大姫の耳に入れなかったこと。大姫はうまく夫（義高）を逃がすことができたと思っていたところ、急にその死を知らされ、ショックから食を絶ち、床に伏してしまったからだ。もしも事前に大姫が誅殺の使者派遣の一件を知らされていたら、またちがった結果になっていたはず――政子はそう考えたのだろう。これは、御家人の郎党が犯した過ち（そこまではいえないとしても気配りの欠如）に対する、御台所なりの政治判断だったのではなかろうか。

頼朝がただ妻の勢いにおされ、責務を果たした郎党を処罰したのだとしたら、朝令暮改の誹りを受けかねないが、今後朝廷と伍して政治をおこなっていくには御家人やその郎党らが前後の事情をみて総合的に決断できる――すなわち、個々の判断能力を高めてゆく必要があり、政子のいうことにも一理あると思ったからこその措置だったのだろう。

ここでは、政子は御台所として夫の命を補完しているのである。

［注1］源範頼＝母は遠江池田宿（静岡県豊田町）の遊女だとされる。池田付近の蒲御厨《かばのみくりや》（浜松市）で生まれたので蒲冠者と称した。異母兄頼朝の旗揚げ後、ほどなく麾下に参じた。平氏滅亡後、没落した義経とは対照的に頼朝によく従ったが、建久四年（一一九三）、謀叛の疑いをかけられ、伊豆修善寺で幽殺された。

［注2］多田行綱＝清和源氏の流れをくむ摂津源氏で多田蔵人《くろうど》・六条蔵人と通称。鹿ヶ谷の陰謀に加わり、平清盛に内通したとされる。その後は平氏をみかぎり、源義経らに従うが、源頼朝と対立して都落ちする義経一行を裏切り、襲撃している。機をみるに敏なところがあった。

其の五　父時政の上洛と静御前《しずかごぜん》

堀親家の郎党が処罰された一ヶ月半後の元暦元年（一一八四）八月八日、頼朝は一ノ谷の合戦後いったん鎌倉へ帰還していた源範頼に一〇〇〇騎の兵を与え、鎌倉を進発させた。このとき二二歳の若者だった北条義時も、三浦義澄・和田義盛・比企能員といった有力御家人とともに出陣。範頼は入京後、朝廷より正式に平氏の追討使に任じられ、九月一日に都を発った。しかし、この遠征軍は難渋する。

範頼の遠征軍は、山陽道それから九州と、平氏の勢力基盤の平定を目論んでいた。つまり鎌倉方は、四国の屋島や彦島（山口県下関市）を拠点とする平氏の兵粮を断って彼らの首を真綿でしめあげる長期戦略を練っていたのだ。ところが、平氏を干殺しにするどころか、養和の大飢饉の影響のほか、瀬戸内の制海権を平氏に握られていたこともあり、範頼軍の将兵が逆に餓死しかねない状況に追いこまれ、鎌倉へ兵粮米の提供を願いでたほどであった。範頼軍はそれでも、彦島の平氏軍に九州渡海を妨げられつつ、源氏のシンパから何とか兵船と兵粮を借り、九州の豊後へ渡っていた。

『吾妻鏡』には「四国の事は義経、九州の事は範頼」とあって、京にあって伊勢・伊賀の平氏勢を押さえていた義経が四国の受け持ちだったが、頼朝は、九州の武士を動員して四国（屋島）を攻めよと範頼に命じた。鎌倉の頼朝としては一ノ谷からほぼ一年、もはや屋島をそのままにしていては危険だと考えたのだろう。平氏の兵粮を断つ持久戦から作戦変更したのだ。むろん、範頼のみならず、四国が受け持ちの義経にも命令が下されることになるはずだが、どうやら彼は、正式な頼朝の命がでる前に出陣したようだ。後白河法皇周辺の公卿らが屋島の平氏を頼朝以上に警戒していたからだろう。こうして頼朝と義経兄弟の関係がギクシャクしはじめる。

ただし、義経の軍事行動は電光石火のごとく素早かった。年が明けた元暦二年（一一八五）二月一六日、義経はわずか一五〇騎の郎党や京侍（院の警護などを務める京に住む侍）を率いて都を発ち、渡辺党（摂津渡辺＝大阪市内＝を本拠とする中世武士団）の水軍とともに暴風雨をついて阿波の勝浦（徳島県小松島市）へ渡った。平氏の軍勢が分散されていたという幸運も手伝い、義経軍は屋島の平氏の本営を背後から衝いて一九日には平氏を海に追い落とした。平氏は義経軍の急襲に驚いて戦わずして逃げたのである。義経は、屋島をわずか三日で攻め落としたことになる。

義経によって屋島を追われた平氏一門はいったん讃岐国塩飽《しあく》荘（諸島）へ逃れたと『玉葉』が記しているものの、そこも義経軍に襲われ、平氏の水軍はわずか一〇〇艘ほどになって長門の彦島へ逃げ去った。義経の屋島攻撃前には瀬戸内の制海権を握り、範頼軍をさんざん苦しめた平氏の水軍がたった一〇〇艘ほどになったというのだ。おそらく平氏が屋島という一大拠点を失ったことで、それまで平氏についていた水軍がこぞって源氏方となったからであろう。その典型例が阿波（田口）成良《しげよし》だ。彼は阿波国司の裔《すえ》で、屋島に本拠をすえた平氏一門を支えてきた。ところが、屋島の合戦後、平氏を裏切る。こうして一〇〇艘で彦島に逃れた平氏一門はもはや、その滅亡の時がくるのを座して待つしかなかったのである。

平氏を長門の彦島へ追った義経は、紀州の熊野水軍、伊予の河野《こうの》水軍を自陣営へ引き入れ、さらには周防の国司から軍船の提供を受けた。そうして三月二四日、海上で平氏軍と義経軍が衝突。一方の範頼軍は義経軍の背後で平氏の退路を断つ役割を担っていた（壇ノ浦の合戦）。源平両軍の兵船数は史料によってまちまちだが、平氏の兵船数は『吾妻鏡』の五〇〇艘より少なく、前出したとおり、一〇〇艘ほどだったのだろう。かたや義経軍は『吾妻鏡』の八四〇艘を妥当な線とすると、平氏の一〇倍近い軍船を擁していた。

関門海峡は潮の流れが複雑で、義経軍は潮の流れが変わったタイミングをとらえ、勝利を引き寄せたといわれてきたが、さまざまな反論が生じ、海戦がおこなわれた四時間ほどの間に本当に潮の流れが変わったかどうか、事実関係は疑われている。ともあれ、鎌倉勢の武者たちは船いくさが不得意だったとはいえ、その圧倒的な軍船の差が大きくものをいったのだろう。平氏は入水した安徳天皇と三種の神器のひとつ、宝剣とともに滅び、総帥の平宗盛は捕らえられ、のちに義経によって斬られる。

こうして平氏は壇ノ浦で滅亡――すると平氏追討という大目的を成し遂げた頼朝・義経兄弟の関係はより微妙なものとなる。そこへ、平氏追討軍の軍監である梶原景時から注進が入る。景時は〝讒言魔〟といわれ、多くの御家人を罠にかけてきたといわれるが、頼朝が彼を重用しているところからすると、讒言とされる話はまったく根も葉もないものではなかったのだろう。四月二一日、景時からの書状が頼朝のもとに届き、そこには「判官殿（義経は）平家討滅の功をひとり占めにし、行き過ぎた行為が目につくようになりました。そんな判官殿を御家人らは薄氷を踏む思いで眺めており、もはや誰も判官殿につき従う者はいなくなってしまいました」（『吾妻鏡』）とあった。

このように頼朝と義経の関係が悪化していくころ、頼朝は従二位《じゅにい》に昇進し、政子にもかかわる事件があった。

五月一日、木曽義仲の妹で宮菊《みやぎく》という女性が京から鎌倉へ送られてきたのだ。政子の娘大姫にとって義理の叔母にあたる女性だけに、義仲の死後も、政子が境遇を憐れんで猶子とした。宮菊は美濃から京へでて暮らしていたが、御台所（政子）の「御息女」という立場に目をつけ、よこしまな連中が彼女に近づいた。彼らはすでに反故にされた証文を盾に、土地を宮菊へ寄進したという名目で公卿らの荘園を横領していたのだ。公卿らからの苦情をいれて頼朝が彼女を鎌倉に呼びつけたのだ。しかし、宮菊が頼朝に「すべてはよこしまな企てをする者らが自分の名を勝手に使っておこなったことであり、自分にはまったく事情がわからないこと」と陳謝すると、頼朝も「予州（義仲）は朝敵として討たれたが、過失のない女性をどうして憐れまないでいられようか」といったという（『吾妻鏡』）。宮菊の境遇を憐れんでいた政子が夫にとりなしたのだろう。のちの静御前（義経の愛妾）への対応といい、政子は清和源氏（とりわけ頼信を祖とする河内源氏）という大きな一族を一つの「家」と考え、そこに連なる女性たちを保護しようとしたようだ。それすなわち、武士の棟梁である「鎌倉殿」の御台所としての役割だと認識していたからではなかろうか。

ところで、元暦二年は八月一四日に文治元年とあらためられるが、頼朝と義経の関係は、かねてより頼朝と仲が悪かった叔父の行家が謀叛を計画するに及んで事態は急転する。『玉葉』によると、京で義経はこの叔父の謀叛をどうにか制止しようとしたが、抑えることができず、一〇月一三日付の『玉葉』に「義経・行家同心し、鎌倉に反す」という噂が流れていた事実が書き留められている。さらに『玉葉』は、「頼朝がために生涯を失くし、宿意《しゅくい》を結ぶ輩《ともがら》」らが義経・行家の周辺に集まっているという情報も付け加えている。こうして義経が反頼朝陣営に抱きこまれる形で挙兵する。

一方、頼朝も義経と行家を討つべく一〇月二九日、兵を率いて鎌倉を発った。翌一一月一日に、かつて義経と初めて会見した黄瀬川に入り、そこで京の事情を探るべく、従う御家人らに逗留を命じた。三日後には義経と行家が京を発ち、六日、大物浜《だいもつ》(兵庫県尼崎市)から船に乗り、九州へ向けて船出した。両名が、九州と四国の住人は両名の下知に従うようにという院庁下文《いんのちょうくだしぶみ》を携えていたからだ。後白河法皇が義経と行家を支持した形だ。ところが、船は暴風雨で難破してしまう。その知らせは黄瀬川にいた頼朝の耳に達し、一〇日には鎌倉へもどっている。

一七日、義経が大和の吉野山に潜伏しているという噂が流れた。事実、義経は吉野で五日間潜伏していた。ところが、蔵王堂《ざおうどう》の衆徒(僧兵)らにみつかりかけ、自身は山伏に扮し、静御前には金銀を渡し、雑色《ぞうしき》(従者)らに京まで送るように命じて別れたが、彼らは金銀を奪って深山《みやま》の雪中に静を置き去りにしてしまう。義経はかつて世話になった奥州平泉へ逃げこむが、一人残された静は蔵王堂に着いたあたりで衆徒に身柄を押さえられるのだ。こうして義経と行家の計画はあえなく潰えてしまう（行家は翌年、鎌倉勢の武士に捕らえられ、斬首される）。

するると、難破という思いも寄らぬ形で弟らの企てをはばんだ頼朝は朝廷へ働きかけ、逆に義経らを追討する大義名分をえようとした。そのための使者に選ばれたのが政子の父時政だった。頼朝にとって舅の時政は例の不倫騒動の際の反応で明らかなように何かと厄介な存在だが、時政は、後白河法皇にも重用される中納言吉田経房《ちゅうなごんよしだつねふさ》を通じ、朝廷とのパイプをもっていたからだろう。北条一族は伊豆の小豪族になりさがっていたとはいえ、そもそもは桓武平氏嫡流の末裔ともいえ、中央との繋がりは他の御家人らと比較にならなかったと推察している。とりわけ吉田経房とは彼が伊豆を知行していた時代に、時政が在庁官人だったことから、交流があったとみられる。

一方、後白河法皇側から事態の推移をみてみると、院庁下文まで与えた義経の挙兵が失敗し、そこへ、頼朝の代官として時政が京へ乗りこんできたのである。朝廷や院は戦々恐々だった。事実、一一月二八日付の『玉葉』は、時政が例の吉田経房と会った事実を伝え、時政が朝廷に重大な提案をしてくるのではないかと警戒した。実際に時政はこのとき五畿・山陰・山陽・南海・西海諸国に地頭の設置を求め、それらの諸国から反別五升の兵粮米の徴収などを要請した。義経を追討するための費用に充てるためであった。

ここで鎌倉幕府という組織の根幹に関係する余談を少々。

「鎌倉殿」(頼朝)の御家人となった武士たちが地頭職を与えられ、すなわち土地を安堵される代わりに「いざ鎌倉!」とばかり、将軍の召集に応じて武力奉仕する。これが幕府の根幹であり、「地頭」制こそが幕府そのものであるといえる。よって鎌倉幕府の成立を地頭の制度ができた文治元年(一一八五)とする説があるのもうなずける。つまり、このとき時政が朝廷に設置を求めて発足したのが地頭だとされ、勅許《ちょっきょ》をえて頼朝に御家人らを守護職や地頭職に補任する権限が与えたとされてきた(文治の勅許)。頼朝の機嫌をとらなければならなくなった法皇が、義経追討のための兵粮米徴収の権限を与えるために守護と地頭の設置を認めたというわけだ。

しかし、このときに設置されたのは国単位の地頭、すなわち「国地頭」であって、荘園単位や郡・郷単位で任じられる地頭ではなかったということが次第に明らかになってきた。時政は五畿内以下七ヶ国の国地頭に任じられ、その諸国から反別五升の兵粮米のほか、兵を募ることができ、彼らを処罰する権限をもっていた。また、播磨・美作《みまさか》の両国の国地頭には梶原景時が、備前・備中・備後の国地頭には土肥実平がそれぞれ任じられた。だが、歴史学者の元木泰雄《もときやすお》氏が彼ら国地頭を「軍政官」と呼んでいるとおり(『源頼朝』)、あくまで義経追討という軍事オプション進行途上の職であり、国地頭による公卿の土地(荘園)の横領などの問題も生じ、やがてこの制度は消滅していった。

それでは幕府の根幹となる守護・地頭制はいつ発足したのか。これがまたなかなか難しいようだ。ただし、荘園や国衙領の一部を単位とする地頭はやはり、この平氏が滅んだ文治元年よりあらわれはじめている。また、「大犯三箇条《だいぼん》」（国内の武士の大番催促と謀叛人・殺害人の検断《けんだん》）を主に職とする守護は建久三年（一一九二）以降、登場するのである。

余談はここで終わる。

守護地頭制がこの年に成立しなかったとしても鎌倉幕府の成立を考えるに、やはり文治元年は重要な年だった。後白河法皇が義経を支持した弱みをつき、朝廷へ鎌倉方の要求をつきつけるチャンスであったからだ。頼朝は一二月六日、親鎌倉派の公卿九条兼実を通じ、あらたに議奏《ぎそう》公卿（重要な政務を合議し、それを天皇へ奏上する役目）をもうけることや、兼実への内覧《ないらん》宣旨（摂政への就任要請）などを後白河法皇へ求めたのだ。この奏上の中で頼朝は「天下草創」という言葉を使っている。新しい武家政治を鎌倉ではじめると宣言したのである。

しかし、頼朝は国地頭の設置を認めさせながらも、院庁や朝廷を憚って時政に兵粮米の徴収を断念するよう求めた。このあたりに、京出身の武門貴族である頼朝と地方豪族である時政との考え方の相違がある。軍政官の時政はあくまでその権利にもとづき、兵粮米を徴収しようとするが、いわば臨時税の徴収（増税）には在地の反発もあり、実際に未納が生じていた。兵粮米という名の増税は農民の生産意欲に関係し、それはもとより院や公卿らの荘園からの年貢取り立てにもかかわってくるからだ。

また京の治安の維持にもあたった時政は京を荒らしまわる盗賊一八人を捕らえたものの、本来なら、犯人の身柄を朝廷の治安部隊である検非違使に引き渡すべきところ、独自の判断で盗賊らを六条河原に引きだし、首を刎ねた。こうして頼朝の意思を無視して突っ走りかねない強硬派の時政に翌文治二年（一一八六）三月、ついに召喚命令がだされると彼は、京の治安を甥の北条時定《ときさだ》に委ね、四月一三日、ほぼ半年ぶりに鎌倉の地を踏んだ。

不倫騒動の際に伊豆へひっこんで頼朝の不興を買って以来、このときも舅と婿の良好とはいえない関係が浮き彫りになった。

こうした頼朝と時政のやりとりがあった間、静御前が母の磯禅師《いそのぜんじ》とともに鎌倉へ送られてきている。義経の消息を尋問するためであった。とはいえ、静とて義経がどこで何をしているか知るはずがない。そのうちに彼女が義経の子を身籠っていることがわかった。女子なら静が自身と同じく白拍子（男装する舞女）として育てればよし。もし男子なら敵の子として殺さねばならない。よって彼女は出産するまでの間、鎌倉にとどめ置かれることになった。

政子は義仲の妹のときと同じく静御前に同情的であった。むしろ庇護者の立場として彼女に接した。召喚命令をうけて時政がちょうど京を出立して鎌倉をめざしている四月八日のこと。頼朝は政子をともなって鶴岡八幡宮へ詣で、その廻廊で静に舞を演じさせた。「かの者は天下の（舞の）名人。帰洛も近くになり、その芸をみないのは残念です」（『吾妻鏡』）という政子のすすめがあったからだ。御家人の工藤祐経《すけつね》が鼓を、畠山重忠が銅拍子《どびょうし》（小型の打楽器）をうつ中、静が歌いだした。

吉野山 峰の白雪 ふみわけて 入《い》りにし人の 跡ぞ恋しき

吉野山の峰の白雪を踏み分けて姿を隠していった人のあとが恋しいという義経を慕った歌だ。

さらに静はこうつづける。

しづやしづ しづのをだまき くり返し 昔を今に なすよしもがな

現代訳では「静よ、静よと繰り返し名を呼んでくださった昔のように、あの方の時めく世にいま一度したいものよ」となる。義経の時代がまたくるように……と彼を討とうとする頼朝の前で歌ったのだ。

むろん頼朝は憤り、「八幡宮の神前で芸を披露するなら、関東の平安長久を祝うべき。それなのに反逆者を慕い、別れの曲を歌うとは何事か」（『吾妻鏡』）といった。この夫の言葉を聞き、「何をおっしゃるのですか、わたくしだって……」というニュアンスで夫を諭した政子の言葉が『吾妻鏡』に掲載されている。政子が父時政の反対を押し切って頼朝と結ばれたときの話だ。「暗夜を迷い、深雨をしのぎ、君（頼朝）の所へ至る」と『吾妻鏡』が綴ったのはこのときの政子のセリフだった。彼女はつづけて、石橋山の合戦で頼朝の生死がわからなかった日々に触れ、「日夜魂も消えるような気持ちでした」と語り、「その思いはいまの静と同じです。予州（義経）との深い関係を忘れ、恋い慕わないようならば、もはや貞女とはいえません」といった。だからむしろ、静御前を褒めるべきだと夫を諭したのだ。そうして頼朝の憤りはやみ、卯花重《うのはながさね》の衣を褒美として静に与えるのだ。

閏七月二九日、静が男児を出産。約束どおり、頼朝の命をうけて御家人の安達清経《きよつね》が赤子を引き取りにきたが、静は赤子を衣につつんで抱き伏し、泣き叫んで渡そうとしなかった。ようやく母の磯禅師が何とか赤子を奪い取り、使いの清経が引き取って由比ヶ浜に遺棄した。『吾妻鏡』によると、政子が何とか頼朝を宥めようとしたが、さすがに頼朝はいうことを聞かなかったという。政子も大姫の夫の義高（木曽義仲の嫡男）が殺された際、その殺害までは認めている。武門として敵の子を生かしておけない非情さは痛感しているはずだ。

ただ、義経の男児の運命を知りながらも、一途に夫の身を案じる静の思いを知れば知るほど、同じ女性として、むだとわかっていても助命嘆願せざるをえなかったのだろう。九月一六日、磯禅師と静の母子は、政子と大姫から貴重な宝物をたまわり、鎌倉を後にする。伝説を除き、そのあとの静の消息は不明である。

其の六　夫の上洛と富士の巻狩り

静御前母子が鎌倉を去って後も義経の所在はわからず、「比叡山や洛中・洛外に潜伏している」、いや、「伊勢神宮に参詣する義経をみた」、「南都（奈良市街）に潜んでいる」などという噂が鎌倉に届いていた。結果、義経は平泉まで逃れ、藤原秀衡［注1］に庇護されるわけだが、『吾妻鏡』は文治三年（一一八七）一〇月二九日付でその秀衡の死を報じ、かつ、臨終に際して嫡男の泰衡《やすひら》らに「義顕《よしあき》（義経のこと。鎌倉ではそう呼んでいた）を大将軍として陸奥国の国務にあたれ」と遺言したとしている。

頼朝は朝廷を通じ、藤原泰衡（秀衡の嫡男）へ義経の身柄引き渡しを求め、文治五年（一一八九）二月に「泰衡が義顕を匿い、叛逆に与同しているのは疑う余地がない」として追討の許可を求めた。こうして圧力を加えられた泰衡はその年の閏四月三〇日、奥州平泉の高館《たかだち》にある邸を軍勢数百騎で襲って義経主従を討ち、その首を鎌倉へ届けたとするのが通説だ（異説はコラム参照）。

一方、義経の首が鎌倉へ届けられる前から『吾妻鏡』には「奥州討伐」などの文字がみえ、鎌倉では当初より奥州平定を目論んでいたことがわかる。頼朝は前述したとおり、「泰衡が義顕に与同した」という理由で朝廷に追討の許可を求めていた。後白河法皇は義経が討たれたこともあり、「弓矢を袋に収めよ」（『吾妻鏡』）と頼朝に自制を求めたものの、同じく文治五年七月に頼朝は鎌倉勢を三軍に分け、三方面から奥州へ攻め入る陣立てを発表し、一九日にはみずから鎌倉を発った。九月三日には平泉から逃亡していた泰衡が郎党に討ち取られ、ここに奥州藤原氏が滅亡。追討に反対だった後白河法皇や朝廷もその事実を認めざるをえず、後付けで頼朝に追討の宣旨を与えた。この奥州合戦は、治承寿永の内乱で頼朝のもとへ結集した勢力をより固めるための絶好の機会となった。

こうして内乱の勝利者となった頼朝はこの年の暮れに法皇から上洛を促され、建久元年と改元された翌年の一〇月三日、精兵一〇〇〇余騎を率い、鎌倉を発った。その上洛の行列は、頼朝が相模の懐島《ふところじま》（神奈川県茅ヶ崎市）という土地まできて宿泊したころ、まだ後陣が鎌倉を出ていないという長さだった。そうして頼朝は一一月七日、一三歳のときに父義朝とともに平治の乱にやぶれて以来、三一年ぶりに都の土を踏んだ。頼朝は六波羅の平頼盛《よりもり》（母は池禅尼）の旧邸を宿とし、京では内裏への参内や後白河法皇への謁見をすませ、一二月一四日に京を発って関東へ下った。この頼朝の上洛には、のちに政子が動かすことになる幕府という組織にとって大きな意味がある。

当時の人が鎌倉の政権を「幕府」と呼んだ形跡は筆者の知る限り確認できないものの、その用語は、将軍が陣所に幕を張って帷幄《いあく》（本営）の幹部らと戦略や戦術を練ったことに由来するため、建久三年（一一九二）に頼朝が征夷大将軍に任じられた時をもって鎌倉幕府が成立したとされてきた。しかし、征夷大将軍が幕府を開く条件とされるようになるのは三代将軍源実朝以降の話。ちなみに、政子の長男頼家が頼朝の死後すぐさま跡を継いで「鎌倉殿」となるものの、征夷大将軍に補任されるのは三年後。このときには「将軍＝鎌倉殿」という考えがまだ成立していなかった。

頼朝も征夷大将軍に補任された二年後その職を辞している。征夷大将軍の地位にこだわっていないのだ。したがって幕府の成立年代を巡り、「一〇月宣旨」によって頼朝に東国の支配権を与えた「寿永二年（一一八三）説」や「文治の勅許」で守護地頭が設置されたとされてきた「文治元年（一一八五）説」などが提唱された。このうち、後者は本稿で述べたとおり、義経追討のための国地頭制（軍政官）であって、このときに幕府が誕生したとはいい難い。筆者は前者の「寿永二年説」にも与せず、頼朝が上洛を果たした建久元年（一一九〇）こそが幕府開創の年だと考えている。

律令制度では左右に近衛府《このえふ》（天皇や内裏、京を守護する軍事組織）がもうけられ、頼朝は上洛後の一一月二四日、その近衛兵の長官（右近衛大将《うこんえのだいしょう》）に任じられた。同じ武官でも征夷大将軍が非常時の官職であるのに対して右近衛大将は常設の官職。朝廷の武官としては最高のポストにあたる。つまり、頼朝は精兵一〇〇〇余騎の御家人に守られ、治承四年以来の長い内乱を制した武家の棟梁として堂々と都へ凱旋し、武官の最高ポストである右近衛大将となって幕府を開いたとみている。ただし、頼朝は右近衛大将に就いた直後の一二月三日、職を辞している。近衛兵の長官ともなると、京に常駐しなくてはならず、行動が朝廷に制約される。そこで頼朝は右近衛大将にいったんつき、その名誉だけを拝して実を捨て、朝廷と一線を画す考えだったのだ。平清盛が太政大臣（唐名・相国《しょうこく》）になってすぐその職を投げだし、前《さきの》相国として政治を動かしたのと同じ。だからこそ頼朝は辞職後、さっさと鎌倉へ帰ったのだ。そして翌年の正月一五日、それまでの公文所《くもんじょ》を政所《まんどころ》とあらため、政所の吉書始《きっしょはじめ》（仕事はじめ）がおこなわれた。こうして旧公文所が頼朝の家政機関の枠をこえ、幕府という組織の政務全般をおこなう機関としてスタートしたのである。したがって「政所下文」がこののち幕府の主な行政文書となり、「前右大将家政所下《さきのうだいしょうけまんどころくだ》す」という一文ではじまっている。翌年に幕府政所の仕事はじめがおこなわれた建久元年の末から翌年の初めにかけて幕府が成立したとみるべきだろう。

こうして幕府が誕生してしばらくたった建久三年（一一九二）四月二日、政子の着帯の儀式がおこなわれた。長女大姫（一一七八年生まれ）・長男頼家（一一八二年生まれ）・次女三幡《さんまん》（一一八六年生まれ）に次ぐ第四子（政子と頼朝の間の末っ子）を妊娠したのである。のちの三代将軍源実朝だ。その年の八月に頼朝が征夷大将軍に補任され、同じ八月に政子は無事、その次男を出産。明けて建久四年（一一九三）五月、前年に崩御した後白河法皇の喪が明けるのを待って、富士の裾野で盛大な巻狩りがおこなわれた。誕生した幕府の運営も順調に進み、かつ、前年に次男が生まれ、頼朝はまさに順風満帆。巻狩りにはそんな自分自身と鎌倉（幕府）の存在を世間に誇示するデモンストレーションの意味があったとみられている。巻狩りというのは、山に入った勢子《せこ》が鹿・猪などの獲物を追い下《くだ》し、待ち受けていた武士（射手）がいわば巻きこむようにして獲物を狩るためにそう呼ばれる。

連日のように狩りが催され、一六日には、一二歳になっていた長男の頼家が初めて鹿を射止めた。愛甲季隆《あいきょうすえたか》という巻狩りに手練れた者が若君の近くに侍《はべ》り、うまく鹿を追い合わせたと『吾妻鏡』にある。若君がうまく射止められるように頼家が獲物を追い立てたのだろう。それでも頼朝はたいそう喜んで頼家を褒めたが、政子の反応はまるでちがった。

喜んだ頼朝がこのことを政子に知らせようと梶原景高《かげたか》（景時の次男）を使者に遣わした。ところが景高が女房を通じて政子に伝えたところ、彼女は「武将の嫡子（頼家）が原野の鹿や鳥をえたところでとくにめずらしいことはない。軽々しく使いを出すのもどうであろう」と冷たくあしらったという。『吾妻鏡』の編者は、のちに政子が頼家に何をしたか知っている（一〇一ページ参照）。よって政子の反応をこのように脚色したとみられなくもないが、ここは彼女の本音であるとみたい。鎌倉殿の「家」を預かる身としては、まず、御家人の季隆の手を借りてまで頼家に手柄を立てさせたい親ばか丸出しの頼朝の態度に不満があったのだろう。「軽々しく使いを出すのもどうであろう」という言葉には「そのようなことをしていたら御家人への示しがつきませんよ」という政子の不満が滲んでいる。そして何より、使者の景高の口を通じて政子の毅然とした態度が御家人らに伝わることを期待したのだろう。そうすることで彼女自身の求心力を高められる。しかしそれは自分自身のためではない。親ばか丸出しの頼朝に、本音ではあきれていても公然と批判できない御家人らに「かような御台所なら、われら御家人の奉公に対しても公平な評価を下されるにちがいない」と思わせるための策であったはず。ここでも政子は鎌倉殿である夫の至らぬ点を補っているのである。

ところで、この富士の巻狩りに絡み、頼朝と政子に関係する事件がふたつ起きている。いずれも有名な曽我兄弟の仇討ちに絡んだ事件だ。

父の河津《かわづ》（伊東）三郎祐泰《すけやす》を工藤祐経《すけつね》の郎党に討たれた十郎祐成《すけなり》・五郎時致《ときむね》の二人の兄弟は、再婚した母に従い、養父の曽我太郎祐信《すけのぶ》のもとで成長し、父の仇《かたき》を討つ機会をうかがっていた。そして巻狩りの際、仇が投宿する神野《こうの》（静岡県富士宮市）の「御旅館」におしかけ、「工藤左衛門尉祐経を殺戮す」（『吾妻鏡』）とある。見事、兄弟は本懐を遂げたわけだが、話はここで終わらない。

まず祐経は、遊女を侍らせ、備前国吉備津《きびつ》神社の神官と酒盛りしているところを襲われ、兄弟が大声で「父の仇を討った」と呼ばわったので諸人の知るところとなり、騒動となった。やがて警護の者らと兄弟が暗闇のなかで斬り合い、宇田《うだ》五郎という者が兄弟に殺され、兄の十郎は有力御家人の一人、仁田忠常《にったただつね》に討たれた。ところが、そのあとの弟五郎の行動が不審なのだ。彼は頼朝の寝所へ走りこみ、「頼朝が剣を取って立ち向かおうとした」と『吾妻鏡』にあることから、五郎が仇討ちに成功したあと、第二の標的を頼朝に定め、その首を狙ったととれる。これが第一の事件だ。

結局、五郎は身柄を取り押さえられ、頼朝に前に引き出されて口上を述べる。彼は「頼朝に拝謁したあとで自害しようと思った」と弁解したものの、苦しい言い訳だ。頼朝は五郎を許そうとしたが、工藤祐経の遺児（のちの工藤佑時）が泣いて訴えるので彼に身柄を渡し、五郎は殺された。

兄弟の祖父伊東祐親は、治承の内乱で平氏方として活動していたため、関東で頼朝が席巻したのちに捕らえられ、自害して果てる。そのうえ祐親は、頼朝がまだ伊豆で幽閉されていた時代、娘（八重姫）が頼朝と通じて生んだ外孫（つまり、頼朝の息子）を殺害している。平氏との関係を憚ったためともいわれるが、源氏の世になってみると、祐親は鎌倉殿（頼朝）の息子を殺害した逆賊となる。そもそも、曽我兄弟の二人は謀叛人の孫という宿命を背負い、逆に仇の工藤祐経は鎌倉幕府の有力御家人として頼朝の信頼をえていた。兄弟にしてみたら、頼朝は祖父に逆賊の汚名を着せ、祐経を優遇する仇の庇護者なのだ。兄弟は、祐経を討って御家人らが混乱する隙をつき、仇の庇護者である頼朝をも討ちとってしまう計画を策していたといえる。『曽我物語』では捕らえられた五郎に頼朝直々の尋問がおこなわれた際、「頼朝を敵《かたき》と思いけるか」、つまり、頼朝に恨みを抱いているのではないかと問い質している。すると五郎は「祖父は君（頼朝）より勘当されて非業の死を遂げ、かたや、君はわれらの仇を重用されている。よって恨んでおります」と答えるのだ。

もしも兄弟の第二の標的が頼朝なら、二人には黒幕がいたのではないかと疑うのが世間の常。そこで政子の父時政がその黒幕候補に浮上する。『吾妻鏡』によると、まだ筥王《はこおう》と呼ばれていた時代の五郎時致が北条時政の邸で元服の儀式を挙げ、時政に引き出物まで賜わっているからだ。

つまり、時政が兄弟の黒幕となって二人を庇護し、彼らに宿願を遂げさせた勢いで頼朝の命をも狙わせたという筋となる。しかし、暗殺に失敗したら、当然、兄弟のスポンサーである時政に疑いがかかる。時政が頼朝に冷遇されていたとはいえ、そこまでリスクを犯すまい。それに婿を殺してしまったら鎌倉殿の舅というみずからの立場がなくなる。つまりは、すべて曽我兄弟だけで計画し、混乱に乗じて頼朝を殺そうとしたものの、祐経を討つという最低限の目的しか果たせなかったというところだろう。

ところが、鎌倉には頼朝が討たれたという誤った情報が伝わったらしい。『保暦間記《ほうりやくかんき》』によると、夫が討たれたという話に政子が動揺し、鎌倉で兄頼朝の留守を預かっていた範頼が「そうなっても、この範頼がいるので大事ありません」といって慰めたという。兄が亡くなっても範頼が新たな鎌倉殿になって御家人を束ねて参ります、つまり、彼が次の鎌倉殿になると宣言したようなものだ。この発言を頼朝が聞けばどう思うだろうか。もう一人の弟義経とちがい、どこか凡庸な印象の範頼だけに、ライバルだといちども思ったことがなかった頼朝も、人並みに野心はあるのだと思い直し、警戒しはじめたとしても不思議ではない。

『保暦間記』は南北朝時代成立の史料だが、その内容はまずまず信頼できる。『吾妻鏡』には以上のような具体的な記述はないものの、八月二日付の記事は、叛逆の企てありという疑いを晴らそうと、範頼が起請文を頼朝に献上した事実だけ報じている。政子への慰めの言葉が頼朝に伝わったのだろう。それでは、政子が頼朝に伝えたのだろうか。一般的にはそう考えられている。

だが、その慰めの言葉をそのまま頼朝に伝えると、頼朝が誤解する恐れがある。範頼に叛意の欠片でもあれば話は別だが、彼は義経のこともあるので息をひそめて暮らしている。そんな人物を失脚させても意味はない。これまでの賢夫人ぶりからみても、政子が夫をミスリードさせるとは思えない。頼朝に伝えたのは政子の周辺の誰かだと思われるが、頼朝は、曽我兄弟の黒幕を範頼だと誤解してしまったのだろう。そして一〇日の夜、こんどは範頼に仕える当麻《たいま》太郎が先走ってしまう。起請文を提出しても何の音沙汰もなく、範頼がたいそう悲嘆にくれているので彼は頼朝の寝所の床下に忍びこみ、その本音を探りだそうとするが、その彼が捕らえられた。彼がいかに弁解しようとも、もはや言い逃れできず、範頼は伊豆の修善寺へ流されて殺されるのである。

［注1］藤原秀衡＝奥州藤原氏の祖藤原清衡《きよひら》の孫で基衡《もとひら》の子。鎮守府《ちんじゅふ》将軍。陸奥守に任ぜられて、奥州平泉で平氏・源氏と並ぶ第三の政治勢力として君臨した。

其の七　政子の上洛と夫の死

源範頼に謀叛の疑いがかかっていたころ、政子は家庭で大きな問題を抱えていた。長女の大姫が発病したのだ。彼女は木曽義高が殺されてから憔悴してゆき、ふさぐ日々が多くなった。おそらく何らかの精神疾患を患っていたのだろう。その後、彼女は入浴できるまでに恢復したと『吾妻鏡』にあるものの、翌建久五年（一一九四）七月に入って大姫はまた床に伏し、重篤な病状となった。翌月なんとか持ち直したが、政子は頭を悩ませた。大姫はこの年、数えで一七歳。女性としては適齢期でもある。この長女を再婚させ、義高への想いを断たせたいと考えたのだろう。一条高能《たかよし》（頼朝の甥で京の公卿だが、頼朝の後援をえて鎌倉に長期逗留していた）に白羽の矢を立て、政子は内密に話を進めた。しかし、大姫はその話を聞き、「そのようなことをしたらわが身を深淵に沈める」（『吾妻鏡』）といって再婚を拒んだ。

閏八月一日、頼朝はその一条高能を伴い、北条時政らを従わせて三浦半島の三崎（神奈川県三浦市）で小笠懸《こがさかけ》（四方の小さい的を馬上から射る競技）を楽しんだ。その日の晩は新しく拵えた山荘に泊まり、夜になって政子が大姫や頼家ら子どもたちとやってきた。いまでいう家族旅行だ。政子が娘の大姫を慰安しようとしたのだろう。ただ、頼朝が彼女の夫候補である一条高能を伴っていることからすると、まだまだ政子は二人の結婚を諦めきれず、「白波広がり青山聳える」（『吾妻鏡』）という風光明媚な土地で二人が愛を育んでくれることを期待したのかもしれない。

政子は鎌倉へ帰ると義高の追善のために盛大な仏事を催した。これも大姫を喜ばせたいという母心からだろう。このころの政子の行動からは、適齢期を迎えた娘の将来を案じる様子が滲みでている。翌建久六年（一一九五）二月一四日、その政子は大姫や頼家らの子どもたちと上洛した。もちろん、頼朝も一緒だ。前年の三浦旅行につづく「鎌倉殿」一家の二回目の家族旅行だ。有力御家人の畠山重忠らが先陣をつとめ、一行は三月四日、前回の頼朝上洛の際の宿舎である六波羅の屋敷に入った。

頼朝は平氏に焼き討たれた南都東大寺の復興に尽くし、これまで朝廷に働きかけて備前国を東大寺の造営料国とするほか、諸国の守護を通じて再建費用を勧進させていた。こうして東大寺の再建がなった。その東大寺の完成披露セレモニー（東大寺供養会）が三月一二日に予定され、そのために「鎌倉殿」一家総出で上洛し、セレモニーに参列したのである。

政子や子どもたちにとっては初めての京や奈良であった。大姫がこの旅行を楽しんでいたかどうかはわからない。母政子の気持ちに応えたいところはあっても精神がついていかなかったのではなかろうか。京に滞在中、政子と頼朝はふたたび、大姫の再婚を画策しているからだ。しかもお相手は後鳥羽天皇。つまり、政子らは娘の入内《じゅだい》を図ろうとしたのだ。

こういう場合、まずは朝廷内に大きな発言力のある人物に大姫を引き合わせ、話を進めなければならない。政子はその相手に丹後局《たんごのつぼね》という女性を選んだ。本名を高階《たかしな》栄子といい、権大納言《ごんだいなごん》源通親《みちちか》と結び、朝廷内になかなかの勢力をもっている。かつて後白河法皇に近侍し、「法皇の無双の寵女」（『玉葉』）、「旧院の執権の女房」（『吾妻鏡』）と呼ばれた。交渉相手としては適任だった。

政子は三月二九日と四月一七日の二回、六波羅の屋敷で大姫とともに会い、一回目の対面の際の贈り物が『吾妻鏡』に記されている。それは、白綾《しらあや》三〇端で飾った台の上に銀《しろがね》造りの蒔絵の筥を乗せたもの。筥の中には砂金三〇〇両が納められていたというから、ここまできたら賄賂である。また、政子は、丹後局につき従ってきた諸大夫や侍たちにも引出物を渡すことを怠らなかった。しかし、結果からいうと入内の話はうまくいかなかった。二年後の建久八年（一一九七）七月に大姫が二〇代になったばかりの若い命を散らしたのち、次女三幡（乙姫ともいう）の入内を図ることになるから、頼朝と政子夫婦には、娘の入内によって天皇の外孫になろうという野望もあったのだろう。

ところで、『吾妻鏡』には、建久七年（一一九六）一月から同一〇年一月までの三年間の記事がない。つまり、その間の記録がすべて抜け落ち、「空白の三年間」といわれている。したがって、政子が京から鎌倉へもどってきたころよりあとの動向がわかりづらくなっている。ただ、その間に政子の人生を大きく転換させる事件が起きた。夫頼朝の急死（享年五三歳）である。

建久一〇年（一一九九）正月一八日、頼朝が病に倒れたという知らせが京の後鳥羽上皇の御所にもたらされ、正月気分は一気に吹っ飛んだ。鎌倉時代の歌人で有名な藤原定家《ていか》は日記（『明月記』）に「朝家《ちょうか》の大事、何事に過ぐるや」と書き残している。しかし、そのときすでに頼朝はこの世にいなかった。五日前の一三日に息を引き取っていたのだ。『吾妻鏡』は頼朝の死から一三年たった建暦《けんりやく》二年（一二一二）二月二八日付の記事において「故将軍家渡御《とぎょ》、還路《かんろ》に及び御落馬あり、幾程《いくほど》を経ずして薨《こう》じ給ひ畢《おわんぬ》」とだけ簡単に記し、落馬がもとで亡くなったとしている。

落馬の現場については、頼朝が相模川の橋供養（いまでいう完成式典）へでかけ、橋を渡っているときに雷鳴が轟き、馬が雷に驚いて竿立ちになって頼朝が落馬したという話が有名だ。馬はそのまま川の中へ飛びこんで溺死し、よって相模川は「馬《ば》入《にゅう》川」と呼ばれるようになったという。しかし、多くの史料が「還路」、つまり、頼朝は相模川での橋供養から鎌倉へ帰る途中で落馬したとしており、相模川を渡っているときに事件が起きたとは考えられない。頼朝が落馬した事件現場を鎌倉近くの稲村ヶ崎だとする史料もある（『保暦間記』）。

もちろん、どこで落馬したかも大事だが、それより問題はどうして落馬したか。つまりは、落馬の理由だ。富士の巻狩りで曽我兄弟の弟五郎時致に命を狙われた頼朝の死を巡り、暗殺説が囁かれているからだ。しかし、頼朝の命を狙うなら曽我五郎のように、それこそ橋供養の最中に騒動を起こし、混乱にまぎれて首を討てばいいわけだし、殺害計画と頼朝の落馬との関係がうまく説明つかない。いったい、頼朝落馬の原因は何だったのだろうか。

のちに関白となる近衛家実《このえいえざね》の日記（『猪隈《いのくま》関白記』）に、真相らしい内容がごく簡単に記されている。

「前右大将頼朝卿、飲水の重病によりて去十一日出家の由」（建久一〇年一月一八日条）。

〝飲水の重病〟によって頼朝が出家したという。そして、二日後に頼朝が急死する。つまり、頼朝は水をガブ飲みする病気にかかっており、どうやらそれが死因とみられるのだ。この症状からみて糖尿病のほか、「尿崩症《にょうほうしょう》」が疑われている。聞き慣れない病気だが、頭蓋咽頭腫《ずがいいんとうしゅ》によっても引き起こされるとされ、頭蓋咽頭腫は視野欠損を生じる。それが落馬原因だった可能性はあろう。そして、落馬そのものは死に至るほどの事故ではなかったものの、当時かなり尿崩症の症状が進んでおり、その後、症状が一気に進んで死に至ったとも考えられる。尿崩症の症状としては、低血圧や発熱・頻脈・吐き気・食欲低下・意識障害などがある。

いずれにせよ、頼朝が急死だったのはまちがいない。このとき政子は四三歳。長男の頼家一八歳、次女の三幡一四歳、次男実朝は八歳。一年をおいて長女と夫をたてつづけに亡くした政子だが、不幸は連鎖する。頼朝が亡くなって二ヶ月ほどたった三月五日、病に伏していた次女の三幡が高熱を発して危篤に陥り、六月三〇日に他界した。

夫と次女の死という不幸をほぼ同時に味わった政子だが、いつまでも悲しんではいられなかった。彼女には、夫が築いた「鎌倉殿」の「家」を守るという使命があったのである。

［コラム］源義経は生きていた？

文治五年（一一八九）閏四月三〇日、奥州平泉の高館にある義経の邸を泰衡の軍勢数百騎が襲い、義経は討ち死にする。その首は四三日間かけて鎌倉へ送られ、六月一三日、鎌倉の腰越で首実検に供される。しかし、当初からその首が本当に義経のものかどうか、鎌倉でも疑っていたようだ。義経が自害した日と鎌倉で首実検に供された日がいずれも『吾妻鏡』に記載されているが、義経の首は、黒漆を塗った櫃《ひつ》の中に酒を満たし、それで腐敗を防いでいたという。夏場に四三日間もかけて奥州から関東へ運ばれた首が、たとえ酒の中に漬けられていたとはいえ、まず、原形をとどめていたかどうかははなはだ疑問。しかも、『吾妻鏡』は詳細を記さず、首実検にあたった梶原景時と和田義盛の両名が首をみて涙を流したと記述するだけだ。つまり、腐敗して原形をとどめていなかったはずの首を景時と義盛両名が義経だと確認したことにし、頼朝は、それで一件の幕引きをおこなったのである。

こうして鎌倉で疑心暗鬼が広がり、奥州で叛乱が起きた際、その首謀者である大河兼任《おおかわかねとう》について、「伊予守義経と号す」（『吾妻鏡』）などと噂された。伊予守は平泉で自害したとされる源義経の官職。奥州で暴れまわる兼任が義経を名乗っていると記しているわけだが、そこに、当時の鎌倉政権内で義経の死に関して疑惑の目が向けられていた状況が推察される。一方、通説では、泰衡が鎌倉の頼朝の機嫌をとり、奥州藤原氏の安泰を図ろうとして義経を自害に追いこんだことになっているが、これにも異説がある。順序だてて説明しよう。

まず、平泉に君臨した奥州藤原氏の三代藤原秀衡が文治三年（一一八七）一〇月に死去した際、遺言を四代目の泰衡に残しており、その内容が『吾妻鏡』に「伊予守義顕を大将軍となし、国務せしむべし」と記されている。義顕というのは、鎌倉方が一方的につけた義経の名。つまり秀衡は、義経を中心に奥州政権の国務をおこなうように泰衡に遺言したのである。通説では、この父の遺言に泰衡が背いたことになっている。しかし、太平洋戦争後、平泉の中尊寺《ちゅうそんじ》金色堂《こんじきどう》に安置されている藤原三代の遺体（ミイラ）の学術調査がおこなわれ、それまで忠衡《ただひら》のものだと思われていた首が泰衡のものであると断定された。忠衡は泰衡の異母弟。父の遺言どおり、義経を大将軍に仰ごうとして泰衡に殺されたとされている。これが忠衡のものなら問題はなかったのだが、泰衡の首が、偉大な父や祖父（基衡）・曽祖父（清衡）と同じく、死後、大事にされていることを考えると、とても三代目の遺言に背いた者の扱いとは思えなくなる。義経の首を平泉から鎌倉まで運んだのは、泰衡の使者であったと『吾妻鏡』に記されている。だとしたら、泰衡が義経主従を討ち取ったことにして、二セの首を使者に持たせたとも考えられる。これこそ、父の遺言に背かず、鎌倉を刺激しないという矛盾する問題を解決するために、泰衡が考え抜いた究極の策ではなかっただろうか。

伝承によると、義経主従は平泉から津軽十三湊《とさみなと》（青森県五所川原市《ごしょがわらし》）をめざし、さらには津軽半島から蝦夷地へ渡海したとされ、各地にその足跡や伝説が残されている。江戸時代の儒学者である新井白石《あらいはくせき》は、義経をアイヌの神であるオキクルミと同一視しており、たぶんに幕府の北方（アイヌ）政策と関連しているとはいえ、北海道にも義経の北行《ほっこう》伝説に関係する旧跡が多く残っていることからすると、義経が蝦夷地へ渡って永住した可能性もなくはない。江戸時代には学者らの間で、彼が蝦夷地へ渡った話は常識化していたらしく、水戸藩の徳川光圀《とくがわみつくに》が編纂をはじめた『大日本史』は、その死にわざわざ注釈をつけて「義経は衣川の館に死せず逃れて蝦夷に至る」と記し、その理由については、前述したとおり、酷暑の季節にいくら酒に浸していても四三日間たってそれが義経の首であるとわかるはずがないとしている。江戸時代にはその伝記『義経記《ぎけいき》』が好んで読まれ、のちに「義経千本桜」などが歌舞伎の演目となる。ある意味、〝義経ブーム〟が起きる中で、一部の知識人によって義経が韃靼《だったん》（モンゴル東部）へ渡海したという説までだされ、これが〝義経＝ジンギスカン〟という説に発展するのである。

第二章

「尼御台所」「二位尼」としての政治

其の一　長男頼家の親裁《しんさい》停止と「鎌倉殿の一三人」

政治家政子の一生は次の三期に分類される。

（Ⅰ）夫頼朝の「御台所」時代
（Ⅱ）「尼御台所」として長男頼家と次男実朝を補佐・後見する時代
（Ⅲ）「二位尼《にいのあま》」として事実上の四代将軍だった時代

（Ⅰ）期は第一章のとおり。ここでは（Ⅱ）期と（Ⅲ）期について述べる。まずは（Ⅱ）期の「尼御台所」の時代だ。政子は頼朝の死で髪を下ろし、尼となっていた。

『吾妻鏡』はまず、頼朝の死から三〇日近くたった建久一〇年（一一九九）二月六日、政子の長男源頼家がその少し前に右近衛少将から左近衛中将へ転じた記事を載せている。つづいて朝廷より「源朝臣《あそん》（頼朝）の遺跡を相続すべし」という宣旨が頼家に下され、ここに二代目の「鎌倉殿」が誕生した。彼が征夷大将軍に補任されるのは三年後の話だから、近衛府の将（中将）として御家人を率いる——すなわち幕府を治めることになったわけだ。こうして二月六日、頼家の吉書始がおこなわれた。それぞれの「家」にとって節目となる折々に儀礼的に発給する文書を吉書といい、その日は「鎌倉殿」としての仕事はじめを意味する。頼家の親政がスタートしたのである。

一八歳の「鎌倉殿」はヤル気満々だった。しかし、その長男の政治は政子にとって認められるものではなかった。彼女には、亡き夫とともに鎌倉に武士政権を草創し、夫の至らぬ点を補完しつつ、「鎌倉殿」の「家」を守りつづけてきたという自負がある。彼女が守ってきた「家」は代替わりし、頼家とその妻がいるのだから原則論的には静かに見守るべきなのだろうが、若い息子が夫とちがう方向へ突っ走ろうとするのを見逃せなかったのだろう。

まず頼家は御家人の後藤基清《もときよ》から讃岐の守護職をとりあげた。頼家には頼家なりの考えがあったのだろうが、『吾妻鏡』はこれを「幕下《ばっか》将軍（頼朝）の時に定め置かれたことを改めた最初」だと記している。また少し先の話になるが、頼家は政所（幕府の政務機関）に命じて諸国の大田文《おおたぶみ》を提出させ、僧源性《げんしょう》という側近の算術名人に計算し直させた。大田文とは一国ごとの国内の公領と荘園（私領）の所有関係や面積などを記した文書。いまでいう土地の登記簿謄本のようなものだろうか。頼朝の時代に総検注（総合的な調査）されていたが、代替わりによってあらためて実施したのだ。そこまでならよかったが、治承寿永の内乱で功をあげた御家人らの所領について五百町以上を超過する分を召し上げ、所領をもたない側近たちに与えようとしたのである。御家人たちは所領を守りたいからこそ「鎌倉殿」へ「奉公」するのであって、重大な理由もなく所領が召し上げられ、一部の側近だけが恩恵をこうむるというのなら、誰も「鎌倉殿」へ「奉公」しなくなる。仮に、頼家に配下の者らの所領の平均化を図る目的があり、彼が現代でいうリベラル思想の持ち主だったとしてもだ。

しかも、頼家は梶原景時ら一部の長老を除いて頼朝の時代の功臣たちを遠ざけ、妻の実家である比企氏を中心にした側近らを用いるようになった。

こうして四月一二日、突如、頼家の親裁（みずから裁決を下す権限）が停止された。

幕府の大きな役割は、御家人の土地を巡る紛争の解決にあるが、その訴訟処理はすべて幹部一三名の合議機関で採決することに定められたのである。こうして幕府は頼朝の専制政治から「鎌倉殿の一三人」による共同指導体制に移行したといわれる。その「一三人」とは——。

北条時政・義時父子、比企能員、安達盛長、和田義盛、梶原景時、三浦義澄、大江広元《ひろもと》、三善康信、中原親能、二階堂行政《にかいどうゆきまさ》、足立遠元《とおもと》、八田知家《はったともいえ》。

頼家は訴訟を解決するにあたり、乱暴な判断が目立ったようだ。頼家の訴訟を巡る裁きについてはこんな話がある。新熊野社《いまくまのしゃ》（京都市東山区）の社僧と地頭の畠山重忠が所領の境界を巡って争い、問注所《もんちゅうじょ》（幕府の訴訟申し立て機関）執事の三善康信が頼家に裁断を仰ぐと、社僧が提出した図面の真ん中に一本の線を引き、これで原告・被告とも痛み分けするよう指示したという。この話には別の解釈があるものの、頼家が「鎌倉殿」としての資質に欠ける逸話としてよく引き合いに出される話である。

だからといって、鎌倉殿が代替わりしたばかりのころに、その最も重要な権限を奪い取るというのも乱暴な話だ。最近では、『吾妻鏡』が頼家を冷ややかにみていることもあり、「一三人合議制」といっても、頼家に訴訟の最終判断を仰ぐ前にどの案件を取り次ぐべきか合議する訴訟取次を一三人に限定したという制約的な合議制だったという論点も浮上している。

しかし、鎌倉殿の専断権の一部が制限されたのは事実だ。それでは誰が頼家の親裁権を停止させ、一三人のメンバーを選んだのか。『吾妻鏡』にはそこまで踏みこんで記載されていないものの、「鎌倉殿」に対してそんなことができるのは、夫の死によって出家し、「尼御台所」(『吾妻鏡』の初出はこの年の三月五日付の記事)となった政子を措いて他にはいない。もちろん、有力御家人らが主導しておこなった結果だとしても、頼朝の時代に「鎌倉殿」に準じる権限をもっていた政子の同意なくしては実行できなかったはずだ。

いや、もう一人、政子と同じ立場の女性がいる。そういう指摘もあるだろう。頼家の妻である若狭局《わかさのつぼね》だ。比企尼の家(比企谷殿)で生まれた頼家の乳母になったのは尼の次女と三女、それから甥で養子となった比企能員の妻。つまり頼家は比企一族の乳母らに育てられ、彼は幼少のころより、実母の政子より彼女たちに慣れ親しんだはず。そういう環境の中で比企谷殿へ入り浸り、能員の娘を見初めるのはごく自然な流れだ。その娘（若狭局）が頼家の世継候補の一幡《いちまん》を生んだ。かつて頼家を生んで御台所となり、御家人らに崇められた政子と若狭局は同じ立場になったといえる。現職の「鎌倉殿」の妻として彼女が姑である政子へ、何らかのアクションを起こしてもおかしくはなかった。

しかし、「鎌倉殿」に準じる権限があるのは御台所、つまり、正室に限られる。それがわかっているから、政子は亀前の事件のとき、その立場を明確にするため、家を破却までしたのだ。若狭局はその正室ではなかったのである。『吾妻鏡』は彼女を「妾」と表記している。おそらく政子が彼女を正室とすることに反対したからだろう。よってこのとき、頼家の政治に介入できるのは政子だけであった。

ちなみにここで『吾妻鏡』や『尊卑分脈《そんぴぶんみゃく》』などを参考に頼家の子女と閨閥について確認しておこう（諸説ある）。頼家の子女、すなわち政子の孫たちである。

・長男一幡＝母は比企能員の娘若狭局。建久九年（一一九八）生まれ。

・次男公暁《こうきょう》＝母は賀茂重長《かものしげなが》（尾張源氏）の娘。正治《しょうじ》二年（一二〇〇）生まれ。幼名は善哉《ぜんざい》。三浦義村を乳父として成長し、父の引退後、鶴岡八幡宮寺別当の尊暁《そんぎょう》の弟子となり、落飾して公暁と称した。次いで上洛して三井寺で修行したのち鶴岡八幡宮の別当に迎えられた。しかし叔父実朝を父の敵と狙って殺害する（一一三ページ参照）。

・三男栄実《えいじつ》＝母は昌寛法橋《しょうかんほっきょう》（頼朝の祐筆）の娘。建仁元年（一二〇一）生まれ。幼名は千寿丸《せんじゅまる》。建暦三年（一二一三）、泉親衡《いずみちかひら》（清和源氏に連なる信濃の御家人）に将軍として擁立され、執権北条義時を討とうとしたが失敗。栄西《えいさい》（臨済宗開祖で鎌倉建仁寺《けんにんじ》開山）のもとで出家させられる。出家名が栄実。翌年、和田合戦で敗れた者らの残党にふたたび担ぎだされ、京の六波羅探題を襲おうとして失敗し、自害する。

・四男禅暁《ぜんきょう》＝母は賀茂重長の娘。生年不明。父の死後、京の仁和寺に入る。実朝を殺害した兄公暁に通じていたという理由で承久二年（一二二〇）、北条義時によって京で討たれた。一般的に栄実の同母兄弟とされているが、公暁に通じているとされているところから、その同母兄弟とした。

・長女竹御所＝母は比企能員の娘若狭局。建仁三年（一二〇三）年生まれ（十三ページ参照）。

以上、頼家の妻といえる女性は、若狭局のほか、公暁と禅暁を生んだ賀茂重長の娘と栄実を生んだ昌寛法橋の娘だ。このうち、尾張源氏一族を父にもつ賀茂重長の娘が正室となった。「鎌倉殿」の正室になるにはそれなりの血筋が求められたのである。ただ、正室とはいえ、世継をもうけていなければ政子と同じ立場になりえない。建久一〇年の時点で政子にとって目障りなのは若狭局だけであった。ちなみに、頼家の御台所である賀茂重長の娘の男子がみな僧籍に入ったのも、彼女が実力者である尼御台所へ配慮したためともいえる。

ただし、のちに若狭局の実家である比企一族を葬り去る政子も、このとき能員を一三人合議メンバーに含めているところをみると、まだ、その一族への警戒感はさほどではなかったのだろう。ともあれ、頼家の政治に頼朝時代の長老功臣たちを遠ざける傾向があるのをみてとった政子が先手をうった結果といえる。

ところが、八日後の二〇日になって、頼家は側近の梶原景時らを奉行に、政所へ文書を書き下し、「従類の者が鎌倉で狼藉を働いたとしても敵対してはならない。もし敵対すれば罪科に問う。また、これら従類の者を除き、特別な（頼家の）仰せがなく勝手に御前に参ってはならない」と命じたのだ。「鎌倉殿の一三人」による集団指導体制を拒否し、さらには従類の者（側近）だけで政治をおこない、彼らに不逮捕特権を与えるという極めて不当な措置だといえる。

こうして母子の関係が急速に冷えこんでいったが、夫亡き後、政子には頼家を補佐する責務がある。そんな母に対して頼家は、夫の女性問題で苦労した政子が嫌がるとわかっていながら、女性が絡む問題を引き起こした。

安達景盛《かげもり》が京より招いた美女を妾にしたことがそもそものはじまりだ。景盛の父は一三人合議制メンバーの安達盛長。比企尼の娘婿の一人で、配流時代から頼朝に仕えた最古参の御家人。三河国の守護（人）をつとめていたこともあり、頼家は、景盛を父ゆかりの三河へ発つよう仕向けた。頼家の狙いは、美女と評判の彼の妾。景盛はいっときとはいえ彼女とはなればなれになるのが嫌で、三河行きを渋ったものの、結局は諦めて鎌倉を発った。そして七月二〇日。その日は夕方になって雷鳴轟き、大雨降る空模様となったが、その荒れた天気と同様、のちに鎌倉を震撼させる事件が起きる。

頼家は従類の一人である中野能成に命じ、景盛の妾を攫い、やはり従類の一人である小笠原長経《つね》《なが》の屋敷に監禁してしまったのだ。二六日になって頼家は御所北側の石壺と呼ばれる一角に彼女の身柄を移し、従類の者を除き、そこへ立ち入ることを禁じた。頼家は手に入れた美女との密会にいそしむためか、三週間ほどたった八月一五日に営まれた鶴岡八幡宮の放生会《ほうじようえ》（魚や鳥を放して善根を施す儀式）にも参列しなかった。やがて、景盛が三河から鎌倉へ帰ってきた。彼が妾を頼家に奪われたことをいつ知ったのかは不明ながら、その理不尽極まりない行為に憤っていた。そして、よせばいいのに景盛が頼家を恨んでいると告げ口する者が現れたのだ。頼家は小笠原や中野ら従類を御所内の石壺に召し、「景盛を誅殺せよ」と命じた。むろん、鎌倉は騒然となった。

頼朝の死後一年もたたず、まだ喪があけていない鎌倉で市街戦が勃発する危機に直面したのだ。そうしてついに政子が動く。彼女は盛長の屋敷へ行き、二階堂行光《ゆきみつ》（一三人合議メンバー二階堂行政の次男で政所執事）を頼家への使者として走らせ、こう告げさせた。

「幕下（頼朝）が薨じられ、どれほどの時も経たずに姫君（三幡）が早世し、悲嘆にくれていたところ、このように合戦を好むと乱世の源となります。とりわけ景盛は信頼厚く、先人（頼朝）がとくに情けをかけておられました。景盛に何の罪があるのですか。それをお聞かせくだされば私が尋問し、成敗もしましょう。事情を問いもせず誅殺したらきっと後悔します。それでも追討するというのなら、私がまずその箭《や》にあたりましょう」（『吾妻鏡』）

ここでは「鎌倉殿」である「頼家」の権限を尊重しつつ、政子はさきの「鎌倉殿」未亡人、すなわち尼御台所としての権限の範囲内で、いまの「鎌倉殿」の至らぬ点を補っているのである。

政子は引きづつき盛長の屋敷に逗留し、こんどはもう一方の当事者である景盛を召し、「いったんは（頼家の）ゆきすぎを止めたが、後々の遺恨を押さえるためにも汝（景盛）に野心がないという起請文を献じなさい」といい、政子の言葉に従って彼が起請文をしたためた。政子は御所にもどり、景盛の起請文が頼家の手に渡った後、あらためて息子に訓戒する。とくにこの訓戒の中で政子がいいたかったのは「（頼家が）召し使う者の多くは佞臣《ねいしん》の類」だということであり、頼朝は源氏の一族や北条の一族らを座右に配し、政治をおこなってきたとし、頼家が長老功臣らに褒章を与えず、「そればかりか実名で呼ばれるのでそれぞれ恨みを残している」といった。実名というのは諱《いみな》のこと。この原稿でも頼朝や義経などと諱（実名）で表記しているが、それは彼らが亡くなっている歴史上の人物だからであり、まだ生きているときは通称などで呼びかけるのが本当のところであって、実名を口にするのは相手を見下し、礼を失する呼び方だとされる。その政子の訓戒が果たしてどれだけ頼家の心に届いたのか。

その後も頼朝旗揚げ以来の御家人である岡崎義実《よしざね》が政子に泣きついて所領給与を懇願する一幕があった。すでに齢《よわい》八〇歳の高齢に達していた義実は「（所領分割などによって）残された所領では、義忠《よしただ》（石橋山の合戦で討ち死にした義実の嫡男）の菩提を弔うために仏寺へ寄進することもままなりません」（『吾妻鏡』）と訴えたのだ。政子は憐れみ、二階堂行光を呼んで頼家に所領を給与すべき旨を伝えさせた。

頼家の気持ちもわからぬではない。旗揚げのころに生まれた頼家にしたら、義実などは昔の功を誇るだけの年寄にすぎない。しかし、義実の功名をよく知る政子が納得するくらいだから、彼は過去の実績に即した収入をえていなかったのだろう。

こうして母子の溝はますます深まるのである。

其の二　比企の乱と長男の死

頼朝が亡くなった建久一〇年（一一九九）は四月二七日に正治《しょうじ》へと改元され、同時に母子の溝が深まってゆく一年でもあった。その渦中、頼家の側近である梶原景時（一三人合議制メンバー）の失脚事件が起きる。

景時は、頼朝旗揚げのころに相模国で平氏方だった大庭景親の一族ということもあり、石橋山の合戦では頼朝に敵対していた。ところが、頼朝が大敗し、山中を逃走していたところ、頼朝が潜んでいるところをみつけながら、「この山には誰もおりません」と景親の手を引いて傍らの山へ登ったという逸話で知られる。景時が機転を効かさなければ、頼朝の挙兵は失敗に終わり、その後の歴史は変わっていたのだから、たしかに頼朝が景時に恩義を感じ、重用したのはうなずける。しかし、頼朝はただ情に流される男ではない。景時が有能だったからこそ、側近として侍らせたのだろう。その一方で『吾妻鏡』での景時の評判は悪く、源義経や和田義盛ら景時の讒言を受けたという御家人はあまたいる。同じ一三人の合議メンバーである義盛との諍いにこういう話がある。侍所所司の景時が同別当（長官）の職にあった義盛を羨み、「一日だけその職を代わってもらえないか」と頼みこんだ。義盛が忌服《きふく》（服喪）にあたり交代すると、景時は奸謀《かんぼう》を巡らせ、別当職に居座りつづけたという。だが冷静に判断すれば、頼朝がそのような企てを許すはずがない。侍所所司だった景時が別当になりたがったのは事実だろう。しかしそれは、ややもすると熱血漢ゆえに突っ走りかねない義盛に冷静沈着な景時を配し、バランスをとるための頼朝の絶妙な人事だったはず。景時が別当になっても、あくまで義盛が上位に位置づけられていた（『新横須賀市史　通史編　自然・原始・古代・中世』）という。

トップに立つ者にとって、景時のような人物は使い勝手があり、重宝したいところだが、逆に同僚には嫌われやすい。このあたり、はるか後年、豊臣政権の奉行だった石田三成《いしだみつなり》への不満が太《たい》閤《こう》秀吉の死後に噴出するケースに似ている。こうして景時は鎌倉追放という憂き目をみる。

『吾妻鏡』によると、念仏供養の席で頼朝に可愛がられた結城朝光《ゆうきともみつ》が「忠臣は二君に仕えずというのに、それがしは亡君の遺言があったために出家遁世ができなかった」と朋輩にこぼした。その言葉が景時の耳に入り、彼は頼家に「忠臣は二君に仕えずなどといって誹謗するのは現君（頼家）に敵対するもの。みせしめのために断罪に処すべき」といったというのだ。以上の話からすると、たしかに讒言ととられても仕方がないが、筆者は疑問に思っている。景時は〝讒言魔〟と呼ばれているものの、その多くは、ほかの御家人が彼の立身出世を妬むことによる誤解とみられる。また、「断罪に処すべき」という進言そのものが讒言の範疇から逸脱しているし、むしろ、後述する政子の妹阿波局が結城朝光へいったセリフに作為的なものを感じる。

一〇月二七日になって阿波局が朝光に「景時の讒言によって汝は誅されようとしている」と囁き、そこから景時追放劇がはじまったのである。阿波局は千幡（のちの三代将軍実朝）の乳母。よって彼女には千幡を将軍につけたいという野心があり、まずは頼家の側近を排除しようという狙いがあったともいえる。ともあれ、阿波局からの密告を聞いた結城朝光は驚き、かつ、すぐ動いた。朝光はまず昵懇の三浦義村（一三人合議制メンバー三浦義澄の嫡男）に相談し、この話が御家人の間に広がっていったのだ。こうして翌二八日、千葉常胤・三浦義澄・和田義盛・安達盛長・畠山重忠・足立遠元ら一三人の合議制メンバーの一部を含む主だった御家人ら六六名が連署して景時の弾劾状を政所別当の大江広元（公家出身の幕府官僚で一三人合議制メンバーの一人。幕府官僚の中で指導的役割を担う）に手渡した。こうしてすぐさま有力御家人が結束するあたり、景時の不人気ぶりが影響していたのだろう。広元は、相手が亡き将軍の寵臣であり、対応に悩んで将軍に提出しないでいたところ、侍所別当の一件で景時に意趣を含んでいる和田義盛に難詰され、ついに頼家へ提出した。六六人もの署名があれば頼家とて景時を庇うことはできない。こうして一二月一八日になって景時は鎌倉から追放され、京をめざしたものの、謀叛の罪をきせられ、翌年の正月二〇日、駿河狐ヶ崎《きつねがさき》（静岡市清水区）で一族とともに敗死するのである。

ところで、弾劾状には北条時政の名がなく、かえってそのことが疑惑を招き、時政や政子をこの事件の黒幕とする説もある。時政の娘で政子の妹である阿波局が事件に絡んでいるのもそれを後押ししている。しかし、ここは素直に解釈したい。千幡の乳母である阿波局には、景時の排除を願う明確な動機があり、彼女を黒幕とする考えには同意できるものの、時政はむろんのこと、政子も、頼家の取り巻き連中の中にあって夫頼朝が信頼した老獪な梶原景時の存在は別格だと感じていたのではなかろうか。たしかに景時を失脚させることは「鎌倉殿」としての頼家の勢力を削ぐことに繋がるものの、このときまだ政子は頼家排除までは考えていなかったはず。頼家の政治がはじまって一〇ヶ月ほど。見切りをつけるには早すぎるからである。

ただし、一方の頼家にとって景時を失くしたことは痛手となる。

こののち、岡崎義実や大田文などの一件（前述）で頼家への失望感が政子の中でより広がってゆき、ついに彼女の中で頼家排除が決定的になる。その過程で蹴鞠りを巡る問題も噴出する。頼家の蹴鞠り好きは有名だが、どうも常軌を逸していたようだ。二月一三日に正治三年から改元された建仁《けんにん》元年（一二〇一）は地震や暴風などの天変地異があり、民は飢えに苦しんでいた。とくに八月、鶴岡八幡宮も大風のために建造物が倒れる被害がでた。ところが、頼家はそのさなか、京からわざわざ芸人を呼んで連日のように蹴鞠を催した。このとき政子は何も言わなかったが、さすがに翌建仁二年正月に清和源氏の長老である新田義重《よししげ》（かの新田義貞《よしさだ》の祖）が亡くなったにもかかわらず、頼家が中原親能（公家出身の幕府官僚で一三人合議制メンバーの一人）の屋敷で蹴鞠に興じようとするので「源家の宿老が卒去して二〇日もたっていないのに遊興へでかけるとは何事ですか」（『吾妻鏡』）と苦言を呈した。

その年の七月に頼家は父頼朝と同じく従二位に叙され、征夷大将軍に補任されるが、翌建仁三年（一二〇三）五月、政子が頼家排除を決意する伏線となる事件が起きる。阿波局の夫である阿野全成［注1］が謀叛を企てたという理由で頼家に捕らえられたのだ。謀叛の内容は『吾妻鏡』でも語られておらず不明だが、三年前の梶原景時追放との関連だろう。その事件の黒幕の一人が阿波局であり、頼家にはその報復のために全成に無実の罪をきせたか、あるいは、実際に全成と阿波局夫婦に怪しいところがあったかどうかは別にして、彼らにみずからが養育する千幡を擁立する動きがあったとすれば頼家側がその機先を制した形だ。

『吾妻鏡』は五月二〇日付の記事で、頼家が比企一族の時員《ときかず》を政子のもとへ遣わし、「全成が謀叛を企てたので生け捕りにしました。阿波局にも尋問したい儀があり、身柄をお引渡し願わしく存じます」といったと伝えている。政子が阿波局の身柄をどこかで匿っているといわんばかり。政子はすかさず「(謀叛の企てがあったとしても)そのようなことを女性(阿波局)に知らせるはずがないでしょう。全成は去る二月ごろに駿河へ下向した後、(阿波局と)連絡をとっておらず、まったく(彼女に)疑わしいところはない」と要求を突っぱねた。真相はどうあれ、頼家には、謀叛の企ての背後に母の姿がちらついてみえていたのだろう。

そしていよいよ、頼家の最大の後援者である比企能員が「排除」される。その事件(比企の乱という)の主役は北条時政であったと語られることが多い。比企能員は、頼朝の乳母だった比企尼の甥(養子)にあたり、娘の若狭局は頼家の妻(実際には「妾」)。つまり、頼朝の舅であった時政にとって、頼家があらたな「鎌倉殿」となったことによって同じ立場をえた比企能員だけはどうあっても排除しなければならないというわけだ。事実、比企氏とその縁者らが守護をつとめる国を挙げると、武蔵・上野・信濃・若狭・越前・越中・越後。北条一族に次ぐ、もしくは上回る勢力を誇っていた。

しかし、比企氏は北条一族とも縁戚関係をもち、父時政とともに一三人合議制メンバーになった義時の正室は比企一族である比企朝宗《ともむね》の娘。詳細は次章で詳述するが（一六六ページ参照）、義時はこのときまだ北条宗家の跡取りと決定しておらず、時政は比企一族の血が流れる孫の朝時を養子にして自分の後を継がせようとしたとみられている。つまり、その時政の行為からは、比企一族と連携して幕府の運営にあたろうという意図が見え隠れしている。

その年、建仁三年の七月になって鎌倉の政局はにわかに慌ただしくなる。まず七月二〇日に将軍頼家が急病で倒れたのである。将軍が急逝した場合に備え、当然、次の将軍職継承や将軍家の財産をどうするかについて八月二七日に幕府幹部の話し合いがもたれ、頼家の嫡男一幡に日本国惣守護職と関東二八ヶ国の惣地頭職が譲られ、頼家の弟千幡に関西三八ヶ国の惣地頭職が分与されることになった。将軍が御家人に「守護職」や「地頭職」を与え、それゆえ御家人は「鎌倉殿」である将軍への忠誠を誓うわけであって、それこそが封建制度の根幹かつ、幕府の根本。だがそれは、将軍が日本国惣守護職・惣地頭職という守護地頭設置の権限をもっていたからに他ならない。その意味でいうと、一幡に日本国惣守護職と関東の惣地頭職が譲られた結果からは、次の「鎌倉殿」が一幡に決したように映る。しかし、惣地頭職は分割され、半分は一幡の弟千幡が相続する取り決めとなった。

これは、比企氏に連なる将軍が誕生することはやむなしとしても、時政がその体制に一本の楔を打ちこんだことを意味する。千幡に関西三八ヶ国の惣地頭職が分割される限り、一幡が将軍になっても、完全な形でその権限を実行できず、千幡は副将軍という地位をえることになる。千幡の乳母は時政の娘阿波局であり、当時の慣習として乳母の夫や父には、外祖父にひけをとらない影響力があった。しかも、このとき阿波局の夫、阿野全成が謀叛の罪をきせられて亡くなっており、時政が乳母父《めのとぶ》の扱いになっていた。時政としても頼家の後継は千幡のほうが望ましいが、比企一族との連携で政権運営を図ろうとする限り、比企一族の意向は無視できないし、筋からいっても一幡が次の「鎌倉殿」に相応しい。

一幡と千幡の扱いは、おそらく時政と能員の妥協の産物であろう。ところが、時政と能員が「将軍・副将軍」体制で合意していた内容に反発する者がいた。

能員と合意に達していた時政でないのはたしかだ。だとすると政子と義時の姉弟を措いて他には考えられない。義時の動機については次章で詳述するとして、ここでは政子の視点で考えてみよう。

尼御台所となった彼女には、夫とともに築いた政権を守りぬくという強い信念があり、頼家では持ちそうにないと考えはじめた。頼家排除後の選択肢としては一幡か千幡のどちらかしかない。一幡が後継になったら、「鎌倉殿」を補佐するという目的が果たせない。現状では鎌倉殿の「妾」にすぎない若狭局も次の鎌倉殿の「母」となれば、いまの政子と同じ立場になる。このあたりに「家」を守る役目は自分自身でなければならないという政子の信念が滲みでていよう。

一方、いまだ一二歳の千幡には正室もおらず、いまのところ、自分自身が補佐する際の障害がない。ぜひとも千幡を後継にすべきだが、父時政は比企一族と妥協してしまった。しかも、鎌倉殿の最大の財産といえる「日本国惣守護職・惣地頭職」は分割されるという。それすなわち、鎌倉殿の財産を守り抜くことにはならない。一幡を後継候補からはずすには比企一族そのものを葬り去るしか手はない。むろん、頼家が元気でいるのなら、いかに尼御台所としても手出しできなかっただろう。ところが、頼家が重篤な病に伏せっていた事実は『吾妻鏡』で確認できる。また、『明月記』によると、しばらくして鎌倉からの使者が上洛し、頼家が没したという話を朝廷へ伝えており、政子を含めてこのとき鎌倉の誰もが、近々頼家の寿命は尽きると思っていたのだろう。

こうして弟義時とともに父時政に協力を求め、政子は比企一族打倒の陰謀を巡らせた。最終的に父時政も娘と息子のシナリオに乗っかって動いたとみられる。阿野全成がいなくなったことで時政が将軍の乳母父となるメリットが生じるからだ。そうでも考えないと、この後の動きを矛盾なく理解することができなくなってくる。ともあれ、事態の流れをみていこう。

建仁三年九月二日、『吾妻鏡』によると、病床に伏した将軍頼家の寝所で彼と能員が時政を討つ密談を交わしていたところからはじまる。比企氏が時政を討つ密談があったという前提があるため、この事件は比企の乱と呼ばれる。あくまで主体は比企氏側にあったという解釈だ。その後の状況だが、頼家と能員が密談を交わす隣の局に、都合よく政子がいたことになっている。彼女は障子越しに二人の密談を耳にし、すぐさま父時政へ使者の女房を遣わした。こうして時政は頼家と能員の密談の内容を知る。彼はこのとき驚いて涙を流したという（『吾妻鏡』）。時政はすぐさま親しい大江広元のところへ行って相談するが、彼は熟慮を求める。それでも、いったん次期政権作りで合意に達していた能員への不信感を拭いきれなくなった時政は、新たに造立した薬師如来の供養をおこなうという口実で名越《なごえ》の屋敷へ彼を招き、天野遠景《あまのとおかげ》と仁田忠常に討たせることにした。忠常は一幡の乳母夫。いわば頼家に近い御家人で能員のライバル。時政はそういう忠常の立場を巧みに使い、刺客の役目を与えたのだ。一方、能員の屋敷では時政から仏像供養の誘いを受け、子息らは反対したものの、能員はまんまと時政の謀略に嵌り、軽装かつ少人数でその名越邸へでかけてしまう。そして前述した二人、遠景と忠常に討ち取られるのだ。

能員の供で時政の名越邸へ入った従者の一人が逃げ帰り、事実を知った一族の者らはその日、九月二日の午後になって、一幡のいる小御所に籠って兵を挙げた。これで一幡はこの乱の首謀者的立場になった。こうして政子が弟の義時父子や小山朝政・畠山重忠・榛谷重朝《はんがやしげとも》・三浦義村・和田義盛らに小御所を襲わせ、比企一族はここに滅亡するのである。記録はないが、若狭局もこのとき亡くなったとみられ、一幡も少し時を経て殺害される。

『愚管抄』によると、一幡は乳母に抱かれていったん小御所を脱出するが、二ヶ月後、藤馬《とうま》という義時の郎党に殺害されたという。そもそも御所から逃亡した時点で一幡は罪人扱いとなるから、政子も致し方ないと考え、そこは割り切って冷徹な判断を義時に下したのだろう。

それではここで事件を振り返ってみよう。まずは、隣の局に政子がいるかもしれないのに、頼家と能員が密談を交わすという状況が理解しがたい。これでは政子に密談の内容を聞かせるようなもの。『愚管抄』には、頼家は大江広元の屋敷で療病していたとあり、そもそも密談の現場が御所でないのなら、そこに政子が立ち会う可能性はより低くなる。密談そのものが存在せず、政子が話を作りあげた可能性も否定しきれない。

次に、時政は能員と妥協しながら政治を進めようとしていた矢先だったから、政子の告げ口に驚いた。だからこそ広元らへ相談したわけだが、一時は信頼した能員だけに、裏切られた思いが強く、ついには殺害を決意する。

一方、もしも能員が本当に時政を討とうとしていたら、薬師如来の供養とはいえ、簡単に時政の屋敷へ行くはずがない。能員にしたら時政を討つ考えなどは毛頭なく、比企と北条は協力しながら幕府を運営していけると踏んでいたからこそ、その招きに応じたのだろう。すぐさま義時らが一幡の小御所を襲い、比企一族を壊滅させているのも手回しがよすぎる。

前述したとおり、『明月記』によると、朝廷は頼家が没したという知らせとともに、一幡が殺されたという話、さらには千幡に跡を継がせたいという鎌倉側の意向を受け取っている。その鎌倉からの要請にもとづき、朝廷が千幡を従五位下へ叙し、征夷大将軍へ補任することを決めたのが九月七日。一方、二日の午後に比企一族が小御所に籠って滅んだ直後に京への使者が鎌倉を発ったとしても、その時点で頼家は没しておらず、『愚管抄』の話を信じるならまだ一幡も生きていた。おそらく政子と義時は、千幡への継承をスムーズにおこなうために事を急《せ》き、生きている将軍と次期将軍候補を死んだことにし、事前に朝廷の了承をとっておこうとしたのだろう。以上の手際のよさを考えると、薬師如来の供養を口実にするというプランも、政子と義時が練った作戦だったように思えてならない。

ところが、頼家の病状は奇跡的に回復し、九月五日になって舅の能員を殺されたと知って激怒する。頼家は和田義盛と仁田忠常に密使を送り、時政追討を命じた。ところが、義盛は将軍の使者を殺し、時政にその事実を告げた。後年、北条義時の排斥を狙って挙兵する義盛だが、このときにはまだ北条氏との連携を意図していたのだ。翻っていうと、頼家は鎌倉殿に相応しくないと御家人らの目に映っていたのかもしれない。このとき頼家は精神を病んでいたともいわれる。ちなみに、忠常も頼家の命を実行しなかったものの、義盛のように北条一族へ告げないでいるうちに彼の兄弟が義時に討たれ、本人も加藤景廉《かげかど》に誅された。

こうして比企氏という後ろ盾を失くした頼家は、病状回復後の七日、母政子に「ご病気の上、家門を治められることがすべてにおいて危うい」(『吾妻鏡』)という最後通牒を突きつけられ、出家隠居に追いこまれた。政子は武家の棟梁である「鎌倉殿」へ引退勧告し、それを実現させたわけだが、これも尼御台所の権限においてなされたものであり、政子の気性や性格とは無関係。この時代の御台所がもつ権限という視点で考えるべきだろう。

ただし、将軍殺害ともなると話は別だ。政子も当初はわが子の殺害までは考えていなかったはず。頼家は伊豆修禅寺で隠居生活という名の幽閉生活を強いられ、政子は「日頃召し使っていた近習を呼び寄せたい」（『吾妻鏡』）という頼家の要求を突っぱねて厳しく接する反面、三浦義村を修禅寺へ遣わし、わが子の幽閉生活をつぶさに聞いて悲しんでいる。彼女にもともと殺意があればそういう反応はしない。母として息子にも、大姫や三幡（乙姫）に対するものと同じ想いはあったのだ。もしかするとこのとき、引退に追いこまれた頼家には、鎌倉方の目を忍んで側近の者らを密かに呼び寄せ、クーデターを図ろうとする具体的な動きがあり、それを未然に防ぐ狙いがあったのかもしれない。

ともあれ、こうして頼家は翌元久元年（一二〇四）七月一八日、義時に（筆者はそうみている）殺害される（享年二三歳）。ただ、一幡の場合とちがい、暗殺がばれたら義時も命がない。だから極秘裏におこなわれた。『吾妻鏡』はもとより、一幡の際には義時とその郎党の名まで明かした『愚管抄』も、頼家殺害の黒幕の名まで残していない。『愚管抄』の筆者は九条兼実の弟慈円《じえん》。この歴史書は三部構成になっていて、第一部は神武天皇にはじまる「皇帝年代記」（巻一・巻二）、第二部（巻三〜巻六）が歴史叙述部分（巻七以降の第三部は歴史の総論）。とくに第二部では『吾妻鏡』にはない記述もあり、慈円は比叡山延暦寺の座主《ざす》（天台座主）で関白の弟という地位ゆえなのか、朝廷内外にいくつか情報ソースをもっていたらしく、さまざまな噂を耳にしていた。しかし、事が事だけに軽々にいえることではなかったのだろう（『愚管抄』は、親幕府派の公卿西園寺公経《さいおんじきんつね》に読ませるために書かせたという説もある）。その代わり、犯行の状況は克明に記され、刺客は、頼家の入浴中を襲い、首に紐を巻きつけ、ふぐり（急所）を押えて殺害に及んだとある。

ここまでは政子・時政・義時の三者が頼家と比企一族の排除で一致団結したようにみえる。しかし、三者の思惑はそれぞれ別のところにあり、次第にその矛盾が噴きだしてゆくのである。

［注1］阿野全成＝源義朝と常盤御前の間の長男。幼名今若。牛若（義経）の同母兄。平治の乱（一一五九年）後、醍醐寺で出家する。頼朝の挙兵を聞き、関東へ下向し、駿河国阿野を領して阿野法橋《ほっきょう》と号する。北条時政の娘阿波局を娶り、その妻が千幡の乳母になったことから、頼朝没後に千幡の擁立をはかる勢力と頼家との対立に巻きこまれる。建仁三年（一二〇三）五月、頼家に対する謀反の疑いをかけられ、常陸国に配流。翌月下野国で誅殺された。

其の三　父の失脚と執権政治

頼家が母から最後通告を受けた二日後の建仁三年（一二〇三）九月七日、千幡あらため実朝が征夷大将軍に補任され、ここに「将軍＝幕府（武家政権）の主宰者」という幕末までつづくルールがはじまった。一〇月九日には将軍実朝の政所吉書始（いわゆる仕事はじめ）がおこなわれ、わずか一二歳の幼い将軍による政権が発足。同時にそれは、北条執権政治のはじまりでもあった。というのも、政所吉書始の儀式がおこなわれた際、『吾妻鏡』に「別当遠州（北条時政）」とあって、彼がこのとき、幕府の政務機関である政所の別当についていることがわかるからだ。執権は政所の別当（長官）の別称だとする説が根強い。

それではなぜ、初代政所の別当である大江広元という幕府官僚が執権と呼ばれないのか。鎌倉時代末期につくられた幕府の法律書『沙汰未練書《さたみれんしょ》』に「執権とは政務の御代官」と記され、執権には「政所別当」の職務以上の権限が備わっていたからだろう。時政が政所別当になった当時は、北条一族のライバルである比企氏が葬り去られ、二代将軍頼家は出家して一三人合議制のメンバーの中で北条一族の優位性が確立しようとしていたころだ。まず梶原景時が失脚し、次いで三浦義澄・安達盛長という古参の功臣がこの世を去り、比企能員もこの世にはいない。そのころ時政は幕府官僚のボスともいえる大江広元を籠絡しつつあり、三善康信・二階堂行政の幕府官僚も右へならった。

こうして時政の絶頂期がはじまる。それまで政所の下文《くだしぶみ》が主な幕府の行政文書だったところ、時政の名越邸に将軍実朝を住まわせ、時政が将軍の名を借り、御教書《みきょうしょ》（将軍の意を承って下す奉書）

をだしはじめたのだ。

これが政子の怒りを買う。『吾妻鏡』では阿波局が姉の政子にこう告げ口したことになっている。

「若君（実朝）が遠州（時政）の御屋敷にいらっしゃいます。ところが、牧御方（時政の後妻）の様子をみると、何かにつけて笑顔の中に悪意が見え隠れしています。乳母としては信頼できません。きっと大きな事件を引き起こすことでしょう」

すると政子は「それはかねてより懸念していたことです。すぐに（実朝を）迎えに行かせましょう」といい、弟の義時や三浦義村、結城朝光を派遣し、将軍を引きとった。政子のこの措置に時政は狼狽し、政子に仕える女房の一人、駿河局《するがのつぼね》を通じて陳謝した。このことは重大な意味をもつ。のちに執権と呼ばれる職についた時政の権力も、尼御台所としての政子のそれに及ばないことを示しているからだ。その後、実朝はふたたび時政の名越邸にもどったが、政子が幼い将軍をよく後見した。彼女が政治の前面に押し出ることはなかったものの、たとえば、鶴岡八幡宮の舎利塔建立始《しゃりとうこんりゅう》の日に鎌倉市街に火災があって数町が焼失してしまい、さらに数日後に修禅寺の頼家が病気になったので不吉だとしてその造営を停止させたり、諸国の地頭の狩猟を禁じたりと、要所要所に政治的な痕跡を残している。

そして政子と阿波局の姉妹が継母牧の方の笑顔の中に悪意を読み取っていたことが次の悲劇を

生む。その時政の後妻は『愚管抄』に「時政（政）若き妻をもうけて」とあり、かなりの〝年の差婚〟だった。いつごろ牧の方が時政の後妻になったのかは不明ながら、政子が頼朝に嫁いだことと無関係ではない。というのも、後妻の牧の方は頼朝につながる女性だからだ。池禅尼（平清盛の継母）を中心に牧の方と時政の関係をみていこう。禅尼は頼朝の助命を嘆願した女性として知られ、頼朝にとってはいわば恩人。よって禅尼の息子（清盛の異母弟）の平頼盛は平氏の都落ちに同道せず、鎌倉へ招かれ、頼朝に厚遇される。禅尼の実家は藤原姓の貴族だが、彼女の兄（異説もある）である宗親が甥頼盛の所領である駿河国大岡の牧《まき》（静岡県沼津市）の代官をつとめ、牧宗親と称していた。牧の方はその娘。つまり、池禅尼の姪ということになる。時政が、舅となった牧宗親が頼朝に辱められた際に抗議の意味で伊豆へ引きあげ、頼朝と軋轢を生じた話は前述した。

その牧の方はどうも実朝の嫁（正室）取りに口をはさんだ疑いがある。実朝が「鎌倉殿」になった翌元久《げんきゅう》元年（一二〇四）七月に頼家が伊豆修禅寺で殺害された翌八月ごろ、足利義兼《よしかね》［注1］の娘がその第一候補に浮上した。義兼の妻は、政子の同母妹である時子《ときこ》。実朝の御台所となる女性だから、政子のコントロールの効く縁者が望ましい。義兼の娘に白羽の矢を立てたのは政子だろう。ところが、「（実朝が）受け入れず、すでに京へ（別の正室候補を）申し入れていた」（『吾妻鏡』）という。その別の正室候補というのは前大納言坊門信清の娘。実朝はのちに『金槐《きんかい》和歌集』の作者となるが、彼は和歌に通じ、その文化的素養の高さはつとに有名。この背景には京の公卿らの文化への憧れがあり、彼に公卿の娘を正室にしたいという思いがあったのは事実だろう。しかし、どうやらそれだけではなさそうだ。『北条政子』の著者渡辺保《わたなべたもつ》氏は「政子は義兼の娘を望み、牧の方が坊門信清の息女を選んだ」としている。信清は後鳥羽上皇の母方の叔父にあたり、信清の子の忠清は平賀朝雅《ひらがともまさ》（牧の方と時政の間の娘婿）の娘を妻にしているという。つまり、実朝の正室候補は牧の方の縁つながり。政子としても実朝の意思を無視できないものの、この一件で牧の方への警戒感は増したことだろう。

その正室を京まで迎えに行く使者となったのが北条政範《まさのり》。時政の末っ子で政子の異母弟。母は牧の方である。従五位下で左馬権助《さまのごんのすけ》に任じられ、まだ一六歳だが、将来を嘱望されていた。というのも、時政は若い後妻の子である政範を可愛がり、もともと彼に自分の跡を継がせようとしていた。ところが、その政範は上洛の道中に発病し、京に到着した後、一一月五日に亡くなってしまう。その事実を知った牧の方が嘆き悲しんだのはいうまでもない。

跡取り息子を亡くした牧の方にとって、夫の時政を除き、頼りになるのは娘婿の平賀朝雅（前出）だけだった。彼の父は、源義光《よしみつ》（頼朝の高祖父《こうそふ》義家の弟）の子孫で武蔵守義信《よしのぶ》。母は比企尼の三女。父母とともにその血筋は申し分ない。清和源氏の一流であり、朝雅は頼朝の猶子となり、重用された。武蔵守に任じられ、母の一族ながら比企氏の追討に加わり、その後、京都守護として上洛。伊賀・伊勢の平氏残党の乱を鎮め、この年の五月には両国の守護職に補任されていた。

そうして牧の方最愛の息子政範が亡くなったころ、有力御家人畠山重忠の嫡男重保《しげやす》が京の六角東洞院《ひがしとういん》にあった平賀朝雅の屋敷へ招かれ、そこで酒宴が催された。重保も北条政範と同じく実朝の正室を迎えにきた使者の一人であった。その酒宴の席上、原因は不明ながら、重保と朝雅の間で激しい口論が交わされた。二人は互いに同席した者に宥められて散会したが、この諍いは尾を引いた。朝雅が義母の牧の方にこの話を告げたのだ。

牧の方にとっては最愛の息子を亡くして傷心のところ、頼りとする朝雅から口論相手の重保の悪口を並べたてられ、彼を政範の仇のように思ったのかもしれない。最愛の息子と同じように上洛したものの、息子は帰らぬ人となり、かたや、重保は娘婿と口論して無事帰ってきたのだ。明けて元久二年（一二〇五）六月、牧の方は畠山重忠父子を誅殺しようと夫と謀議し、時政もそれに乗ったのだ。ずいぶん時政も軽々しく反応したように思えるが、彼には明確な動機があった。むしろ、時政にとって娘婿と重保との口論はいい口実になった。

武蔵国を本拠にしていた比企一族を排除した後、実朝から武蔵の行政を委ねられ、武蔵守である朝雅と支配を一元化したい時政にとって、武蔵国留守所惣検校職《るすどころそうけんぎょうしき》として影響力のある畠山重忠は目障りな存在であった。頼朝挙兵のころ、武蔵の武士たちが参陣するのを待って鎌倉入りしたことからもわかるとおり、関東にとって武蔵は重要な国。それは政子と義時の姉弟にとっても同じだった。のちに武蔵国は相模国とともに北条宗家領として世襲され、やがて武蔵守は、政子が最も可愛がった同母弟の時房のものとなる。比企の乱で武蔵に勢力を伸ばした時政だったが、その武蔵を巡る争いは父と姉弟の対立に引き継がれた形になった。

ともあれ時政は畠山氏を排除しようとした。

妻（時政の娘）の死後に出家して稲毛荘《いなげのしょう》（川崎市中原区・高津区付近）で隠遁していた稲毛重成《しげなり》が時政の招きに応じて鎌倉入りし、また、その重成の招きによって畠山重保が鎌倉に入り、重忠も「鎌倉の内で軍兵《ぐんぴょう》の蜂起がある」（『吾妻鏡』）という噂で本拠の菅谷館《すがや》（埼玉県嵐山町《らんざん》）から誘いだされた。すると六月二一日になって時政は義時と時房の兄弟を呼び、畠山父子に謀叛の疑いがあるという話を持ちかけ、討つ意思を伝えた。畠山重忠は時政の婿の一人（娘は重忠の死後、足利義純《よしずみ》と再婚）であり、義時とは昵懇の仲だった。義時は「どうして（重忠が）叛逆を企てるでしょうか。軽率に誅殺すれば必ず後悔します。謀叛の罪があるか否かの真偽を質してからでも遅くはないでしょう」（『吾妻鏡』）と父の言葉を信じなかった。退席して屋敷へもどったが、そこに牧の方の兄弟時親《ときちか》がやってきて、「重忠の謀叛のことは露見しています。それなのにあなたはその悪事を許そうというのですか。継母（牧の方）を憎んでいるからそのようなことを申すのでしょう」と責められ、あきらめて義時は、重忠を討つための軍勢を率い、武蔵へ進発した。結局、重忠は葬り去られ、鎌倉の重保も郎党三人を連れただけでうまく由比ヶ浜へおびきだされ、三浦義村に討ち取られた。しかし義時は、重忠率いる畠山勢がわずか一〇〇騎あまりで、彼自身にも戦意がなかったため、謀叛の疑いは冤罪そのものであると確信した。この畠山事件は稲毛重成の陰謀だとして彼と弟榛谷重朝が誅されたものの、黒幕が時政であるのは明らかだった。

重成らを誅する検断権を行使したのは政子だろう。また、この事件の論功行賞も政子がおこない、彼女に仕える御所の女房五、六人も恩賞にあずかり（プロローグで述べたとおり、この時代、女房たちも所領をもつ領主であるケースがあった）、事件で滅びた御家人の遺領を与えられた。検断権行使と論功行賞はいずれも将軍である「鎌倉殿」の権限であり、政子は幼い将軍にかわり、その役目を果たしているのである。

それはともあれ、この事件（畠山重忠の乱という）を通じ、政子・義時と時政・牧の方との溝はより深まった。まず義時は昵懇の重忠を自身の手にかけてしまい、悔やんでいただろうし、その思いが陰謀を仕掛けた父時政や継母への恨みとなって噴出したことが想定される。それにも増して彼にはこのときに立ちあがる明確な動機があるのだが、それは第三章で述べる。

次いで政子の視点でみていこう。彼女には将軍の実母かつ尼御台所という権力基盤があるものの、事実上、牧の方は将軍の養母として振舞っている（このとき実朝はふたたび時政の屋敷にいた）。嫁取りの一件では、実母の政子が推す娘より実朝は養母と縁つながりの娘を選んだ。そして今回、最愛の政範という息子を亡くして朝雅に頼ろうとする切なる思いのほか、武蔵を巡る夫時政の利権争いに巻きこまれたという面があったとはいえ、継母は確実に暴走した。政子はこのまま彼女を放置していくわけにはいかないと考えたのではなかろうか。父時政に対する思いも同じだったであろう。

そして翌々月の閏七月一九日付の『吾妻鏡』にこんな記事が掲載される。

「牧の方が悪巧みを働き、（娘婿の）朝雅を将軍にして、現在の将軍を滅ぼそうとしている」

朝雅は清和源氏の一族で頼朝の猶子なのだから将軍になる資格はある。もしそうなったら政子と牧の方の立場は逆転しかねない。牧の方はつい魔が差し、そのような願望を抱いたのかもしれないが、仮にそうだったとしても、『吾妻鏡』に具体的な計画が記されているわけではない。将軍の身柄を抑えているから、あとは殺すだけだといえばそれまでだが、そんな杜撰な将軍廃立計画があるだろうか。

『保暦間記』は、時政も耄碌したせいか、年のはなれた後妻の企てに加担したというが、あくまで将軍廃立の風聞、すなわち噂があったにすぎないのだ。牧の方と朝雅を取り除き、その機に乗じて父時政も失脚させようと図った姉弟がその風聞を利用したのだろう。その日ただちに政子らは御家人の結城朝光・三浦義村らを時政の名越邸へ派遣し、将軍実朝の身柄を義時の屋敷へ移すことに成功した。時政も御家人を集めようとするが、逆に彼が招こうとした御家人も義時の屋敷へ馳せ参じた。こうして時政は失脚出家し、翌日、伊豆の北条の地へ身を引いた。時政六八歳だった。

また、牧の方も同じく出家して伊豆へ送られ、政子と義時はすぐさま平賀朝雅追討の軍勢を京へ進発させ、二六日に朝雅を討ち取った。『吾妻鏡』が将軍廃立の風聞を掲載した閏七月一九日からわずか七日間。電光石火の如き対応だ。ここでも、あまりに政子・義時姉弟の手回しがよすぎる動きそのものが、この事件の本質を白日のもとに晒したといえよう。

義時はただちに父時政の跡を継いで政所別当となり、『吾妻鏡』は「執権の事を承られた」と記載する。義時、四三歳の働き盛りのころである。その後、彼は和田合戦（コラム参照）で軍事や警察権を握る侍所別当を兼ね（それまでは和田義盛が別当職についていた）、こののち執権は政所と侍所トップの職務をあわせもち、文字どおりの「政務の御代官」（『沙汰未練書』）となる。よって一般的には時政を初代執権とするものの、義時をもって事実上の初代執権とすべきだと考えている。

尼御台所政子とその執権義時は、元仁《げんにん》元年（一二二四）に彼が六二歳で没するまでの二〇年間、そのコンビで幕府を動かしてゆく。

ここでは引きつづき、建保七年（一二一九）に至るまでの政子と実朝の動きを追ってみよう。政子が四九歳から六三歳、実朝が一四歳から二八歳までの間の出来事である。

まず京から朝雅の死を伝える使者が届いた五日後（八月七日）、下野国の御家人宇都宮頼綱《うつのみやよりつな》の謀叛が発覚した。ただしこれも風聞である。宇都宮一族が軍勢を率いて鎌倉へ攻めのぼってくるという。そこで義時と大江広元・安達景盛らが政子の屋敷（大倉御所の東側にある東御所）へ参上して評議した。このことは、重大事件の場合、必ず政子の意見が求められる事実を示したものだ。結果、頼綱が執権義時に弁明書をだし、髻《もとどり》をきって結城朝光へ渡し、一件落着した。同じ風聞でも牧の方のケースとは正反対。血を流すことなく一見落着した。こうして重大事件の決定にあずかる政子の実力は誰もが認めるところであり、いまでいう政子のコネに頼ろうとする者も現れた。

建暦《けんりゃく》元年(一二一一)六月、越後三味荘《さみ》(上越市付近)というところの領家《りょうけ》(荘園領主)の雑掌《ざっしょう》(下級の荘官)が鎌倉へ参上していた。幕府の誕生によって、それまで荘園領主の荘官だった地頭(御家人)が土地の支配権を確保するようになったが、荘園領主がいなくなったわけではなく、当時、地頭と荘園領主の間で年貢の取り分などを巡る訴訟が絶えなかった。三味荘の雑掌もその訴訟のために鎌倉の大倉あたりの民家で宿泊していたところ、何者かに殺されてしまう。すぐ三味荘の地頭代が侍所によって捕らえられたものの、その親類縁者が政子の女房にコネがあったらしく、政子に泣きついてきた。しかし、政子は毅然とした態度でのぞみ、「(侍所別当の)和田義盛の処置に間違いない」(『吾妻鏡』)といい、その話を取り次いだ駿河局を譴責した。ただ、この話には後日談があり、結果、冤罪事件と判明。雑掌を殺害した真犯人は別にいて地頭代は釈放された。地頭代は訴訟を巡り、雑掌と対立していたから誤認逮捕されてしまったのだ。ここでいいたいのは冤罪の話ではない。①政子が毅然とコネを受け付けない態度を示したこと②結果は誤認逮捕だったが、政子が侍所別当の和田義盛に信頼を置いていること——が重要だ。とくに②の義盛はこの二年後、執権義時への反発から乱を引き起こす（和田合戦）。ところが、政子の信頼に義盛もしっかりと応え、尼御台所に主従の礼を尽くすという両者の関係がこの話からみてとれる。義盛ら反北条の御家人にとって、執権といえども義時はあくまで同僚だが、政子とは主従のつながりが存在しているのである。

一方、政子はこのころ、実朝の正室（将軍御台所）と頻繁に参詣などへでかけている。いまでいうと嫁と姑が手を携えてレジャーを楽しむ微笑ましい光景ということになるだろうか。年表風にその事実関係を拾ってみると、鶴岡八幡宮参詣（一二〇八年三月三日）・永福寺《ようふくじ》参詣（同年七月一九日＝実朝も同道）・日向薬師堂参詣（一二一一年七月八日）・三崎へ舟遊び（一二一二年三月九日＝実朝も同道）・鶴岡八幡宮で舞楽《ぶがく》鑑賞（同年八月一五日）・鶴岡八幡の馬場見物（一二一七年八月一六日＝実朝も同道）・永福寺舎利会《しゃりえ》参列（同年九月三〇日＝同）。このうち永福寺は、頼朝が奥州平泉・中尊寺の二階大堂《だいどう》を模して鎌倉に建立した大寺（現在は跡地のみ）。一三人合議制の一人、二階堂行政は藤原姓だが、その近くに屋敷があったため二階堂と称した。

実朝の正室はもともと牧の方と縁つながりの女性だが、政子は積極的に彼女と良好な関係を築こうとしていたのだ。形式上、このとき「正室権」をえているのは「鎌倉殿」実朝の正室だからだ。この二人は円満な嫁姑関係だったといえよう。建保四年（一二一六）三月には、頼家の娘である竹御所（プロローグ参照）を御台所の猶子とした。

それでは、政子にとって実朝はどんな息子であり、将軍だったのだろうか。頼家の時代には親裁が停止されたが、建保年間に将軍実朝みずから御家人の訴訟を聴聞し、裁定するようになった。御家人間の訴訟をうまくおさめることこそ幕府の大きな役割だから、その意味では政子の後見のもと、実朝は安定した政治をおこなったといえる。ただ、①体が病弱で病がちだったこと②やたらと官位官職を望んだこと③世継が生まれなかったこと――が政子にとって頭の痛い問題だっただろう。②と③は関係していて、大江広元が高位高官を望む実朝に諫言した際、実朝はこう反論した。

「(世継が生まれず)源氏の正統は絶えようとしている。子孫にあとを託すことはないのだから、自分が高官にのぼって家名を挙げるほかはない」(『吾妻鏡』)

その望みが朝廷へ届いたかのように実朝はトントン拍子に昇進し、二二歳で正二位《しょうにい》、二五歳で権中納言兼左近衛中将、二七歳で権大納言・左近衛大将・内大臣《ないだいじん》となった。後世、これは朝廷による「官打ち」ではないかといわれた。分不相応な官位官職を与えられた者はその負担に耐え切れず、不幸になるといわれているのだ。そして、実朝が一〇月に内大臣にまでのぼった建保六年(一二一八)の一二月二日、ついに右大臣に補任される。こうして「官打ち」の指摘どおり、やがて実朝は身を亡ぼすことになる。

ところで、政子はその建保六年二月四日、弟の時房とともに鎌倉を発っている。承元《じょうげん》二年(一二〇八）一〇月につづく二回目の熊野詣でのためであった。しかし、彼女には別の目的もあった。ひとつは、政子の妹（畠山重忠の乱の際に討たれた稲毛重成の妻）の孫娘（政子の養女）を土御門通行《みちゆき》へ嫁がせるためで、その娘も同行していた。政子は二月二一日に京へ入り、四月一五日まで京に滞在しつつ、その間に熊野詣でをすませたが、彼女にはもうひとつ目的があった。朝廷や院に工作し、宮将軍を戴くためであった。実朝に世継が生まれなければ次の鎌倉殿はいなくなる。鎌倉殿のいない幕府は考えられないから幕府は滅ぶ。かといって「将軍＝鎌倉殿」は誰でもいいわけではない。その意味でいうと宮将軍は最適だった。そんな思惑をもった政子の交渉相手は、後鳥羽上皇の乳母で卿局《きょうのつぼね》と呼ばれる藤原兼子《かねこ》。『愚管抄』によると、兼子はしばし政子の宿所をたずね、話し合っていたという。また、滞京中に政子は従三位に叙せられた。出家した者の叙位は例外中の例外であった。兼子は朝廷の人事を左右するほどの力があったから、彼女が政子のために実現させたのだろう。この二人の関係からみても、宮将軍を鎌倉に招く話は順調に進んでいたとみていい。『愚管抄』は「女人入眼《じゅがん》（物事を成就すること）の日本国」として、女人外交、すなわち政子と兼子の二人の女性の間で話が進められた事実を記している。

政子は成果を確信し、四月二九日に京を発つが、その前に後鳥羽上皇へ拝謁する機会がえられた。これも兼子の骨折りだろう。しかし政子は固辞した。彼女は辞退の弁として「辺鄙《へんぴ》（片田舎）の老尼」という言葉を使い、「竜顔《りゅうがん》（天子）に拝謁できるような者ではございません」といった。謙遜ではないだろう。拝謁の機会を与えられて断るほうが勇気がいる。権力志向の強い者なら、ふつう断らない。彼女は心の底から「辺鄙の老尼」と思っていたのでなかろうか。このあたり、政子を権力志向が強い女性とみる解釈だけでは片づけられない面が見え隠れしている。

彼女が鎌倉に帰って半年ほどたった一〇月二六日、政子が従二位《じゅにい》に叙任されたという知らせが鎌倉へ届いた。以降、彼女は「二位尼」「二品《にほん》禅尼」などと呼ばれる。いよいよ政子の一生のうち、(Ⅲ)期にあたる時代の幕開けとなるが、その前に彼女の人生を大きく変える重大事件が待ちかまえていた。

[注1] 足利義兼＝源義家の曽孫にあたる足利義康《よしやす》の嫡男。母は熱田大宮司藤原季範の娘というから頼朝の従兄弟にあたる。頼朝の旗揚げに応じ、範頼に従って西海(中国・九州)へ赴いて功をあげ、次いで奥州合戦でも活躍して頼朝の信頼を厚くした。その関係で北条時政の娘(政子の妹)を妻にした。出家後の法名は鑁阿《ばんな》。足利市の鑁阿寺の開基で足利学校の創設者。このちも足利氏は北条氏と縁戚関係をつづけ、最後の執権となった北条(赤橋《あかはし》)守時《もりとき》の妹登子《とうこ》が足利高氏《たかうじ》(尊氏)に嫁ぎ、室町幕府二代将軍足利義詮《よしあきら》を生む。

其の四　将軍暗殺と「尼将軍」の誕生

鶴岡八幡宮の別当に公暁という前二代将軍源頼家の忘れ形見がいる。幼名は善哉。政子が彼の袴着（幼児に初めて袴をはかせる儀式）をとりおこない、彼女の計らいで鶴岡八幡宮に入り、実朝の猶子とした。そうして公暁は建保五年（一二一七）六月、鶴岡八幡宮の別当につく。ところが、二年後の同七年正月二七日、二〇歳になっていた彼は、仮とはいえ父子の関係にあり、かつ、八歳上の叔父にあたる三代将軍実朝を八幡宮の境内で殺害したのである。実朝が前年暮れに念願の右大臣に任じられたことを喜び、八幡宮で拝賀の儀をおこなうためであった。その異例の昇進がアダとなった形だ。

公暁は社殿に至る長い石段の大銀杏《おおいちょう》の陰に身を潜ませていたというのが一般的だが、史料によって襲撃の場所は石段の上や下、社殿の中とまちまち。襲撃犯の人数も公暁単独、三〜四人の僧による共犯と定まっていない。しかし、多くの謎の中でも最大のそれは将軍暗殺という大胆な犯行を公暁一人の考えで実行したのか、それとも黒幕がいたのかという点。もし黒幕がいたとしたら、それはいったい誰なのだろうか。江戸時代、早くも黒幕の名が話題になり、儒学者の新井白石は北条義時の名を挙げている。本当に義時が公暁をそそのかして将軍を殺させたのか。まずは『吾妻鏡』に従い、事件のあらましをみていこう。

その日、実朝は午後六時ごろに大倉御所をでて、一〇〇〇の随兵を従えて八幡宮の楼門前に到着する。当日は雪が二尺ほど降り積もっていた。義時はこの日、御剣《ぎょけん》の役《やく》についていた。実朝の御剣を捧げ持って供奉する役目だ。ところが、楼門のあたりで心身の不調を訴え、御剣役を源仲《なか》章《あきら》（宇多源氏の文章《もんじょう》博士）に代わってもらい、義時はしばし休息の後、小町の屋敷へ帰った。惨劇はその後、実朝が社殿での拝賀の儀を終えた退去の際に起きる。石段の際で機を窺っていた公暁が「父の敵っ！――」と呼ばわり、実朝に斬りかかって首を刎ねたのである。石段下の楼門のあたりでひかえていた随兵らはすぐさま現場に駆けつけたが、すでに公暁は首をもって逃走したあと。夜陰に乗じて追っ手をかわした公暁は後見人である阿闍梨《あじゃり》の屋敷へ入り、門弟駒若丸《こまわかまる》の父である三浦義村へ使者を遣わし、「将軍につくため宜しく取り計らって欲しい」と伝えた。しかし、義村はこのことを義時に伝え、公暁誅殺を命じられる。こうして公暁は三浦屋敷へ向かう途次、義村の手の者によって殺されるのだ。義時の代役となった源仲章も公暁によって首を刎ねられているから、義時も心身の不調を訴えなければ殺されていただろう。

しかし、その日になって急に不調となり、御剣役を代わってもらった義時の行動がまず不審といわねばならない。公暁が「父の敵」といっていることからみると、父頼家から将軍職を奪った形の実朝はむろんのこと、修善寺で頼家を暗殺した疑いのある義時が御剣役につくと聞き、父の仇として狙ったのだろう。しかし、公暁は暗がりのため、仲章を義時だと見誤ってしまう。このあたりが義時を黒幕とする最大の根拠だ。つまり義時が実朝を討たせるためにうまく第三者を使い、たとえば、父の仇である将軍と執権を討って将軍になれと、公暁をそそのかしたのではないかという疑いだ。義時は自分自身もターゲットにして公暁をそそのかし、かつ、犯行ギリギリになって、事情のわからない者を替え玉役として使い捨てたというわけだ。これが事実なら、権謀《けんぼう》術数《じゅつすう》という言葉の範疇にはおさまらない、悪辣かつ非道極まりない企てだと断言できるが、この事件を読み解くには『吾妻鏡』より信用できる『愚管抄』の内容に注目する必要がある。筆者が天台座主の慈円であることは既述した。この日、八幡宮での儀式には、公卿が五人参列していて事件のあらましを慈円に語ったとみられる。『吾妻鏡』はあくまで後世の編纂物。その点、『愚管抄』は伝聞とはいえ、作為の必要がない公卿たちの見聞だから信用できる。『愚管抄』には『吾妻鏡』とはちがう記述がある。

まず惨劇は、実朝が石段を下りきったところで起きたという。殺害の状況も生々しく記載され、兜巾《ときん》で顔を覆った公暁は実朝がまとう下襲《したがさね》の尻の部分を踏みつけ、一太刀で実朝の首を斬り落としている。そして謎解きにとって重大な事実関係がそこに記載されていた。公暁が仲章を義時と誤って殺害したところまでは同じだが、仲章は実朝の先駆けで炬火《たいまつ》をふりながら歩いていたところを襲われており、『吾妻鏡』が小町の屋敷へ帰ったとした義時は御剣を奉じたまま石段上の中門にとどまっていたというのだ。ここからは、義時が御剣役を仲章に交代した事実は窺えず、御剣役であった彼が石段上にとどまり、仲章を先駆けとして実朝が石段を下りきったときの惨劇だった事実がみえてくる。そうなると『吾妻鏡』とはだいぶ話がちがってくる。義時はその場にいたのだから、公暁が暗がりのために見間違えなければ、彼が犠牲になっていた可能性もある。

義時が惨劇を予想して御剣役を交代させたという嫌疑はこれで晴れたといえる。彼が石段の上にとどまっていた行為は怪しいといえば怪しいが、『愚管抄』には「（石段上の）中門に留まれとて留めてけり」とあり、義時は誰かに石段上で留まるよう命じられたことがわかる。義時に命じる者としては実朝のほかに考えられない。つまり、まさか公暁に襲撃されるとは思ってもみない実朝は油断して義時を待機させたことになり、義時にとっても不慮の事態だった事実がみえてくる。

ただし、御剣役の義時からしたら、いかに実朝の命だったにせよ、自身が石段上に留まっている間に将軍を殺されたのは大失態。北条びいきの『吾妻鏡』の編者がそのあたりを意識して、義時がその場にいなかったことにして責任を逃れさせるために御剣役の交代という虚偽の話に差し替えた疑いはあろう。だが皮肉なことに、そのことが後世の疑惑を招いてしまったのだ。

そもそも、義時には悪辣な陰謀を巡らせてまで将軍を殺害する動機が希薄だ。将軍という御輿があってこその執権であるからだ。ただ当時、前述したとおり、政子は宮将軍の鎌倉下向を藤原兼子（卿局）と進めていた。皇族から将軍を迎えれば、執権の格もあがる。宮将軍を迎えるのだからもはや源氏の将軍は不要ということになるが、この時点で決定していたわけではない。現に後鳥羽上皇は宮将軍の誕生に反対し、実朝の死後、幕府は摂関家から将軍を迎えることになった（詳細は後述）。よって義時が黒幕なら動機が判然としない。

それではこの事件に黒幕はいなかったのであろうか。じつはもう一人、見逃せない人物がいる。

三浦義村だ。彼は和田合戦（後述のコラム参照）で一族の和田義盛を裏切ってまで義時に従ってきた。しかし、彼は大族三浦氏の惣領だ。もともと伊豆の小豪族だった北条の風下に立ちつづける現状に満足していたとはいい難い。公暁が彼へ使者を遣わし、「将軍につくため宜しく取り計らって欲しい」と伝えたことが義村黒幕説の大きな根拠だ。しかしながら、公暁は結果として義時を討ち漏らした。それを知った義村は、公暁を切り捨てたのではないだろうか。

ともあれ、この将軍暗殺事件によって政情は極めて不安定となる。事件から間もない二月一一日には、謀叛の疑いで配流の後に殺害された阿野全成の子息が駿河で挙兵した。その話はただちに政子の耳に入り、彼女は弟の義時に命じ、金窪行親《かなくぼゆきちか》らを鎮圧に差し向けた。ちなみに行親は、北条打倒を策した泉親衡を追い、与党の和田胤長《たねなが》を捕らえ、和田合戦でも活躍した新興勢力。義時はこうした御家人を配下におさめていた。

ところで、政子と義時にとって政情不安を解消するためにも一日も早く実朝の後継を決めなければならなかった。実朝生存のころに政子が宮将軍を鎌倉へ下してもらえるよう藤原兼子と交渉したことは前述した。政子は、後鳥羽上皇の皇子である六条宮か冷泉宮《れいぜいのみや》を想定していた。とくに冷泉宮は兼子の養女と上皇との間の子で、話は成就するかに思えたのだが、後鳥羽上皇は「将来、この日本国を二つにわける事になる」といって幕府からの申し出を蹴ったという（『愚管抄』）。のちにこの国の歴史は皇統分裂により、鎌倉幕府滅亡後、足利尊氏の幕府方（北朝）と後醍醐天皇《ごだいごてんのう》の宮方（南朝）にわかれ、内乱の時代を迎えるが、上皇は、鎌倉方が冷泉宮を擁して東朝となす事態を懸念したのだ。

しかし、その一方で上皇は使者を鎌倉に派遣。使者は三月九日に鎌倉に入り、政子らに会って「摂津国長江荘・倉橋荘の地頭職を改めよ（罷免せよ）」と伝えさせた（『吾妻鏡』）。いずれの荘園も上皇の寵姫である伊賀局《いがのつぼね》（もとは亀菊《かめぎく》という白拍子）の所領で、おそらく地頭と対立していたのだろう。だから上皇は、政子らが宮将軍を求める弱みにつけこみ、強引に地頭罷免を求めたのだ。これが宮将軍下向の交換条件なのは間違いない。しかし、こんどは政子らが上皇の申し出を突っぱねた。三月一二日に義時・時房の兄弟と大江広元らが政子の屋敷へ集まって鳩首。上皇の使者には「追って回答を申し上げます」と回答したものの、その三日後、時房が政子の使者として一〇〇〇騎もの兵を引き連れて上洛し、上皇の申し出を断るとともに、あらためて将軍下向を要請した。弱みにつけこんでくる上皇に対し、軍事力を背景とした恫喝外交だった。実朝生存中は良好だった京と鎌倉の関係にこうして亀裂が入った。しかし、上皇もここで将軍下向の話まで断ることはできず、摂関家の子息の下向を許した。これが三寅、のちの四代将軍九条頼経（摂家《せっけ》将軍と呼ばれる）。三寅は関白九条道家の四男で『玉葉』の筆者九条兼実は曽祖父にあたる。頼朝の遠縁（祖母が頼朝の姪）でもある。しかし、まだ二歳の幼児であった。

三寅は七月一九日に鎌倉へ入り、先陣の御家人や女房衆に守られ、義時の大倉邸へ入った。その日の午後六時ごろに政所始がおこなわれたとして、『吾妻鏡』はこうつづけている。

「若君幼稚の間、二品禅尼（政子）、簾中において理非を聴断すべし」

本稿においてこのくだりは重要で、将軍候補がまだ幼いので政子が代わりに政治をおこなうことになったというのである。このため、後世、彼女は「尼将軍」と呼ばれるようになる。一方、三寅が征夷大将軍に補任されるのは政子の逝去後。さきほど彼を四代将軍と書いたが、『吾妻鏡』巻頭の「関東将軍次第」に「頼朝」「頼家」「実朝」と源氏三代の将軍の名をあげ、「頼経」との間に「平政子」の名を差しはさんでいる。政子が将軍に補任された事実はないものの、『吾妻鏡』はこの年、承久《じょうきゅう》元年から彼女が亡くなる嘉禄元年までを政子の治世としているのだ。このころより『吾妻鏡』は政子を「二位家」などと呼ぶようになる。

ここでいう「二位家」は頼朝を「将軍家」というのと同じ。これまでは、頼朝とともに築いた鎌倉政権、つまり「将軍家」もしくは「前将軍家」の「家」を守りつづけてき政子だが、このとき、武家政権を率いる「二位家」という「家」を新たに創設した形だ。政子の生涯でいう（Ⅲ）期のはじまりである。

では、「尼将軍」の誕生で執権である弟義時との関係はどうなったのか。歴史学者の岡田清一氏によると、義時が承久元年（一二一九）九月に初めて単独署名の下知状をだしてのち、彼が急逝するまでの五年間に計九三通のそれが確認できるという（『北条義時』）。守護地頭の補任といった幕府権力の根幹にかかわる命令が多い。下知状は「下知如件（下知くだんのごとし）」という書止文《かきとめもん》言《ごん》で締める書状だが、そこには「仰せに依《よ》りて」という文言が入る。誰の「仰せ」なのかというと、それは政子を措いて他にはいない。つまり、執権義時も政子の「仰せ」に従って下知するのであって、当該期の政権はやはり「北条政子政権」と呼ぶべきだろう。それを裏付ける話もある。政子の甥北条泰時が執権となった時代に幕府の成文法である「御成敗式目《ごせいばいしきもく》」が制定され、その第七条に「右大将家（頼朝）以後代々の将軍ならびに二位殿御時に充《あ》てがった所領などは、旧主がいくら自分のものだと主張して裁判で争っても改められない」と規定されている。源氏三代と政子の治世の決定事項がすべてに優先されるわけだ。事実、実際の訴訟でも「二位殿御時に定め置かれる事」という判決がでており、歴史学者の野村育代氏は「「二位殿御時」はこのように人々に意識されていた」（『北条政子　尼将軍の時代』）としている。この二人の姉弟の関係は『愚管抄』の解釈が的を射ているように思える。いわく、「さて鎌倉は、将軍が跡をば、母堂の二位総領して、なお、舅父《しゅうと》（実朝の母の兄弟という意味）の義時右京権大夫《うきょうごんのだゆう》、沙汰してあるべし」。政子が事実上の鎌倉殿を継いで最終の決定権をもち、義時はその命令を沙汰（決定事項を知らせる行為）する役割分担があったのだ。

こうして「尼将軍」の時代が幕を開けたが、その二年後、彼女はいきなり試練に見舞われる。承久の乱だ。辞書などには「後鳥羽上皇が鎌倉幕府打倒の兵を挙げ、幕府に鎮圧された事件」という記載をみかけるが、正確には「後鳥羽上皇が鎌倉幕府の現政権打倒の兵を挙げ、幕府に鎮圧された事件」である。上皇は、宮将軍下向の一件で幕府が親王を奉じてあらたな王朝を関東に樹立する野望を打ち崩したものの、摂関家子弟の関東下向を許し、それによって武家政権は、幕府という体制を維持することができた。「鎌倉殿」である将軍と御家人の主従関係が武家政権の根幹であり、上皇はその体制維持に協力したのだ。ここからみても、後鳥羽上皇が幕府そのものの打倒を意図していなかったことがわかる。ただ、上皇は義時の名を挙げ、「（彼が）幼少の将軍の名を借りて天下を乱し、朝廷の権威をおろそかにしている」と公言しており、執権義時の排斥のみならず、上皇が打倒すべき現政権の対象にはむろん、政子も含まれている。上洛の際に上皇への拝謁を畏れ多いこととした政子がそれから二年足らずで対決する運命になったのである。

　では上皇はなぜ鎌倉の政権を打倒しようとしたのか。実際に官打ちがあったかどうかは別にして、京や朝廷文化への憧れが強かった実朝は、後鳥羽上皇からしたら御しやすい相手であった。しかし、例の「摂津国長江荘・倉橋荘地頭職罷免」の一件で幕府の現政権と亀裂が生じた。もともと上皇には「治天《ちてん》の君」として、鎌倉の武家政権を含めて世を一元的に支配しようとする思いが強かったようだ。そのために直属の軍事機構を組織していた。それが「西面《さいめん》の武士」。かつて白河《しらかわ》・鳥羽《とば》院の時代に、院の御所の「北面《ほくめん》」に警護の武者らを詰めさせていたが、平清盛の台頭によって弱体化した。後鳥羽上皇はその「北面の武士」を改編して武力基盤にしようとしたのである。しかも、「西面の武士」には、義時の専横に不満を抱く在京の御家人が参集した。『承久記』はその数、「三万」と記す。宮方には伊賀・伊勢・美濃・尾張・播磨・阿波・淡路などの畿内近国の守護のほか、義時の盟友である三浦義村の弟胤義《たねよし》、時政のころより北条氏に協力的だった大江広元の嫡男親広《ちかひろ》（京都守護）までもが与した。

承久三年（一二二一）五月一四日、まず上皇が動いた。流鏑馬《やぶさめ》に名を借りて、諸国の守護や地頭に対して宣旨などを発したのだ。前述したとおり、「義時が幼少の将軍の名を借りて天下を乱している」と訴えかけ、「諸国の守護や地頭（武士）は院庁に参じよ」と命じた。上皇は三浦義村の弟胤義を召し、彼は「上皇の命令に従わぬ武士がこの国におりましょうや。兄の義村には、日本国総追捕使に任じると仰せ下さい。さすれば喜んで参じるでありましょう」（『承久記』）といって、鎌倉の兄へ密書をしたためた。

政子と義時にとってこれほどの危機はない。幕府に従うべき御家人の一部が上皇方となり、盟友の弟が上皇方に参じたのである。しかも、宮方は「義時が幼少の将軍の名を借りて」と、北条一族にとってじつに痛いところを的確についている。ここで対応を誤ると、現支配体制が一気に崩壊しかねない。

しかし、宮方にとって誤算が生じる。宮方は五月一五日に大江親広とともに京都守護職の任にあった伊賀光季《みつすえ》（義時の義兄）を血祭りにあげたものの、すんでのところで彼が鎌倉へ急報し、その使者が一九日に鎌倉へ入り、後鳥羽上皇挙兵の知らせがいち早く幕府へ届いたからだ。宮方としては三浦胤義を通じ、兄の義村をはじめ、関東の御家人の支持を取り付けたかったはずだが、すぐさま幕府の知るところとなり、政子と義時に先手をとられた形となった。つづいて親幕府派の公卿西園寺公経の家司《けいし》からの飛脚も鎌倉に到着し、上皇が鎌倉の御家人らに宛てた宣旨と密書を携えた使者も捕えた。また、三浦義村は弟からの決起を促す使者を追い返し、その事実を義時に知らせている。こうして宮方の動きを察知した幕府首脳、義時・時房兄弟、大江広元、足利義氏（政子の甥）は一九日に政子の屋敷で対策を練るのである。

この会議のあと、政子は御家人らを招集し、安達景盛を介して大演説をぶつ。これが史上有名な政子の「最期の詞《ことば》」。『吾妻鏡』によると政子が、

「みな、これを（尼の）最期の詞だと思い、聞いてほしい。故右大将（源頼朝）軍、朝敵を征罰して関東を草創してよりこのかた、官位といい、俸禄といい、その恩は山より高く、海より深い（中略）しかるにいま、非義の綸旨《りんじ》が下った。名を惜しむ者は早く（三浦）胤義らを討ち取って三代の将軍（頼朝・頼家・実朝）の遺跡《ゆいせき》をまっとうすべし」

と語るや、参集した武士は涙にむせび、命を捨てて鎌倉殿の恩に報いようと思ったという。このあたり脚色もあろうが、『承久記』ほかの史料にも似た表現のアジテーションが記載され、『梅《ばい》松論《しょうろん》』には「三代将軍の墓所を西国の輩《ともがら》どもの馬の蹄に懸けるくらいならもはや生きていても

仕方がない。まず、この尼（政子）を害してから君（後鳥羽上皇方）へ参ずべし」という演説内容が掲載されている。どこまで正確に政子の言葉を伝えているかどうかはともかく、彼女が参集した御家人の気持ちを名演説で鼓舞したのは事実だろう。御家人らに涙を流すほどの感動を与えたのは彼女の演説がうまかっただけではない。初代将軍の「御台所」であった時代から事実上の「鎌倉殿」となった当該期まで、政子が幕府を守るためにいかに努力してきたかを知る御家人らに、彼女が信奉されていたからだろう。このとき政子、六五歳。まさしく、「尼将軍」とのちに呼ばれる彼女の面目躍如である。

その後、ただちに義時の屋敷へ所を替え、義時兄弟・大江広元・三浦義村・安達景盛らで軍議がおこなわれ、いったん足柄と箱根を固めて宮方の軍勢を待ち受けることに決しかけたが、広元がその消極策をおさめ、逆に「運を天にまかせて兵を京に派遣すべし」という積極策を献じ、御家人らを招集することになった。ところが二一日にまた集まって鳩首したところ、「本拠（関東）を留守にして上洛するのはどうか」という意見がだされたものの、広元は「このように決定から日にちがたつと異論もでる。逆に軍勢が集まらなくとも今夜中に武州（北条泰時）一人でも鞭を挙げて急行すれば、東国の武士らはみな従うはず」と主張した（以上、『吾妻鏡』）。おそらく義時は判断に迷ったのだろう。姉の政子に相談し、彼女が体調を壊して自宅に引きこもっていた長老の三善康信を招いて意見を聞くと、彼も広元と同じく、泰時が一人でも出陣すべきだと述べた。これを聞いた義時はようやく意を決し、泰時に稲瀬《いなせ》川あたりまで先発させた。こうして泰時が翌二二日の早暁、わずか一三騎を率いて鎌倉を発つと、三浦義村や足利義氏ら有力武将があとにつづいた。その勢、一九万と伝わる（以上、『吾妻鏡』）。広元の進言どおりになったのだ。ただし、文官で高齢でもある広元が軍議で中心的な役割を担っているところにやや疑問を抱く。『吾妻鏡』の編纂者は北条氏に甘く、また、その協力者である広元を贔屓しているようなところがあり、ここにも脚色があるとみるべきだろう。

ともあれ、幕府は五月二二日から二五日にかけて北陸道・東山道・東海道の三道に軍勢をわけ、京へ向けて進軍させた。一九万という数は誇張としても、幕府軍はかなりの大軍を擁していたはずだ。一方、宮方は上洛する幕府軍に対し、三道へ軍勢を派遣してその進軍を阻もうとした。三浦胤義らに東海道・東山道の要所である木曽川の防御ラインを固めさせたが、六月五日と翌日、幕府軍の威容に恐れをなした上皇軍は逃走し、一部の軍勢が第二の防御ラインである関ヶ原近くの杭瀬川《くいせがわ》に踏みとどまったものの、守り切れなかった。上皇方は一二日、軍を再編し、京を守る最後の防衛ラインである瀬田（滋賀県大津市）と宇治を固めた。こうして瀬田と宇治で最後の激戦が繰り広げられたが、幕府軍がうちやぶり、一五日、京へ入った。こうして承久の乱は幕府の大勝利に終わる。ちなみに、幕府軍の大将である泰時と副将の時房はそのまま京に残って市中の警固にあたり、彼らの役目はやがてこれまでの京都守護に代わる行政機関（六波羅探題）として正式に組織化される。探題は執権に次ぐ重要な役職となって北条一族から任命され、尾張より西の御家人を統括することになった。

この事件をもって鎌倉幕府の政権基盤が確立したといわれる。頼朝が内乱を終結させて幕府を開創した際には、朝廷への配慮を欠くことはできなかった。しかし、幕府は朝廷を代表する「治天の君」である後鳥羽上皇の軍勢と戦い、それをやぶった。こうして乱は、後鳥羽上皇・土御門《つちみかど》上皇（後鳥羽の皇子）・順徳《じゅんとく》上皇（同）の三上皇配流という結末を招き、公卿の一部も処罰された。

暗殺された実朝の御台所は事件後、京へもどり、西八条に住んで「西八条禅尼」と呼ばれていたが、彼女の兄坊門忠信《ただのぶ》が鎌倉に敵対したとして処罰されようとしていたため、政子らに助命嘆願の手紙を送り、政子によって極刑を免れた。

また、幕府軍が京へ入ってほぼ一ヶ月後の七月九日には、即位したばかりの仲恭《ちゅうきょう》天皇（順徳上皇の皇子）が退位しているが、その理由が「東国武士沙汰」（『類聚大補任《るいじゅうだいぶにん》』）。すなわち、東国武士（幕府）の沙汰（物事を処理すること）によって決められたのである。この決定に政子が関係しているかどうかは不明だが、幕府の沙汰によって仲恭天皇はわずか七〇余日で廃位させられたのである（在位史上最短）。その後、幕府は僧籍にあった茂仁《ゆたひと》親王を迎え、後堀河《ごほりかわ》天皇として即位させた。鎌倉幕府は重いはずの天皇の廃立を「沙汰する」と通知しただけで断行した。幕府は、承久の乱の結果、天皇を廃位し、かつ、擁立するに至る権力をえたのだ。

加えて幕府は乱後これまで地頭がほとんどいなかった地域にあらたな地頭を置いた（新補地頭）。そもそも、地頭職は平氏の没官領《もっかんりょう》（没収した平氏一族の所領）と謀叛人らの所領に対して頼朝に与えられた補任権だった。ところが、承久の乱で上皇方に加担した武士たちはみな、謀叛人となり、宮方の所領三〇〇〇ヶ所あまりが没収された。承久の乱の勝利で幕府は大きな経済的権限も手に入れたのである。

其の五　執権義時の死と甥泰時との確執

承久の乱があった翌年の貞応《じょうおう》元年（一二二二）一〇月から一一月にかけて、余震と本震をあわせ、鎌倉がなんどか地震に襲われたことを除くと平穏に時は流れ、翌貞応二年正月二三日付の『吾妻鏡』が政子の善政を一つ紹介している。承久の乱後に補任された西国の新補地頭や守護が不当なことや庶民を困らせるようなことをしていないかどうか、西国の在庁官人らに調べさせたという。このころ、政子は勝長寿院《しょうちょうじゅいん》（頼朝が父義朝の菩提を弔うため現在の雪ノ下に建てた寺院）の奥に新しい伽藍（南新御堂）と邸宅の建立を思い立ち、今でいう地鎮祭にあたる儀式を二月二九日におこない、四月一九日には立柱《りっちゅう》上棟《じょうとう》が実施された。五月一二日にまた、大きな地震に見舞われたが、被害の状況はよくわからない。七月二六日に政子が新しい屋敷（御堂御所という）へ引っ越し、八月二七日には邸内に持仏堂が完成し、仏師運慶《うんけい》作の本尊が安置された。その年の暮れ、三寅のための新御所建立の日時をいつにしたらいいのか、義時の屋敷に三浦義村らがつどい、陰陽師を召したという記事が『吾妻鏡』にみえ、この年も地震を除いて平穏なまま新年を迎えた。

しかし、元仁《げんにん》元年（一二二四）六月一日、またも大地震が襲い、つづいて一二日、まさに鎌倉を揺るがすことになる出来事が起きた。義時が病に伏したのだ。大病を患うことのなかった義時にしてはめずらしく、みるみるうちに衰弱していった。陰陽師らが病気平癒の祈禱を捧げたが、その甲斐なく、翌一三日の午前中に卒去《そっきょ》した。享年六二歳だった。

死因は、脚気霍乱《かっけかくらん》。脚気から夏場ゆえの急性胃腸炎を併発したとされる。急逝だったことから、三年たって毒殺されたといいだす者も現れた。二位法印尊長《にいのほういんそんちょう》という比叡山延暦寺の僧だ。承久の乱で宮方の参謀的な役割を果たした男で、乱の後、行方をくらませていたが、六波羅探題へのタレコミがあって逮捕された際、『明月記』によると、このとき自害しようとした彼は三年前に亡くなった義時の死について「早う首を斬れ。そうでないなら、義時の妻（後妻）が飲ませた薬をだして早く殺せ」と思いがけない言葉を口にする。真相は、死の間際に尊長が北条氏への恨みから自暴自棄に陥ったための虚言と考えられるが、この義時の死に絡み、後妻にまつわる噂、それも、どこかで聞いたことのあるような噂が流れ、『吾妻鏡』に書き留められている。

主役は、伊賀《いが》の方《かた》と呼ばれる後妻。義時は比企の乱の後、比企一族の正室を離縁して再婚し（第三章で詳述）、伊賀朝光《ともみつ》の娘が彼女とほぼ入れ替わりに正室の座につき、四郎政村《まさむら》を生んだ（当時、政村は二〇歳）。伊賀氏は秀郷流藤原氏の末裔だとされ、朝光が伊賀守に任じられことから伊賀氏と称した。もともとは下級官人の家だったが、義時に娘が嫁いだことで政治の表舞台に立ち、朝光の長男光季《みつすえ》は京都守護の職にあり、後鳥羽上皇の招集に応じず、逆に挙兵の動きを幕府に告げたため、宮方に宿所を襲われて討たれた人物。次男光宗《みつむね》は義兄である義時の威光で政所執事の職にあった。その伊賀の方が義時との間にもうけた娘の婿宰相《さいしょう》一条実雅《さねまさ》［注1］を将軍に擁立し、自分の生んだ政村を執権につけようとしているというのだ。北条時政の後妻牧の方がやはり娘婿を将軍に担ぎあげようとした噂と話の構図は同じであった。

しかも、義時の四男政村の烏帽子親は有力御家人の三浦義村。これまで義村は、義時と良好な関係を築いてきたが、烏帽子親となった政村の執権職を望んだとして不思議ではない。彼が義時の後妻と組み、その先妻（不明）の子である泰時を差し置いて、政村に執権を継がせようとしたという話はありえる話だ。

では真相を探るべく、義時急逝後を振り返ってみよう。六月一六日、まず義時が一三日に亡くなったという知らせが京で六波羅探題の任にあった泰時のもとへ届き、彼は翌一七日に京を発った。ところが、泰時は由比ヶ浜まできて動かず、御内人《みうちびと》（家臣）らに守られ、ようやく鎌倉の自邸へ入った。彼が警戒している様子がよくわかる。下向途上、おそらく泰時はなんども使者を鎌倉へ送り、そこでの噂を耳にして警戒したのだろう。そのころ、鎌倉で噂されていた話というなら、義時の四男政村の執権就任の噂しかありえない。泰時は二七日に鎌倉入りし、翌日、伯母の政子に呼ばれ、そこで「軍営の後見として武家のことを執行すべき」(『吾妻鏡』)旨、仰せつけられる。義時急逝後の混乱を静めるために執権に任命されたのだ。「執権＝北条宗家の家督」である。したがって、政子の鶴の一声によって、泰時か政村かという北条家内部の家督相続も一決したことを意味する。

牧の方の事件と同じく、伊賀の方側には自分の生んだ政村を執権につけたいという思いそのものはあり、それが義時の急逝とともに噂になったのだろう。しかし、伊賀の方がそのために陰謀を巡らせていたという証拠らしきものはまるで見当たらない。牧の方の事件の場合、彼女に謀叛の疑いなきにしもあらずという感触を抱いているが、この事件については、陰謀そのものがなかったというべきだろう。陰謀があれば、泰時が鎌倉に入る前に伊賀の方側が何らかのアクションを起こしていてしかるべきだが、その動きもなく、ただ噂だけが先行していた印象だ。

ところが、六月二九日に北条時氏《ときうじ》(泰時の嫡男)が六波羅探題に任じられ、泰時政権下の新体制が動きだしたと思った矢先、七月になって事態はふたたび動きだす。伊賀光宗らが政村の烏帽子親である三浦義村のところへ頻繁に足を運び、五日には義時の大倉邸(執権邸)に住む伊賀の方を訪ね、何やら密談をかわす。人々はこの光宗らの動きを怪しみ、同じく不審に思った政子が七月一七日の深夜、女房の駿河局ただ一人を供として義村の屋敷を訪ね、詰問するのだ。政子は直截《ちょくさい》に「政村と光宗がしきりに出入りしていると聞く。何やら密談を交わしているという風聞だ。何を企んでいるのか?」、つまり、謀叛を企てているのではないかと糾弾したのだ。義村はしらばくれるが、政子に重ねて問われ、「政村にまったく逆心はありません。光宗には何か考えがあるようですが、それがしが言うことを聞かせます」と白状する(『吾妻鏡』)。こんなことがあったため、ふたたび鎌倉市中に物々しい空気が流れ、義時の四九日法要が営まれた三〇日の夜、甲冑をつけた御家人らが市中に溢れた。

一方の政子は三寅とともに泰時邸に入り、閏七月一日にはしきりに使者を義村のもとへ遣わし、「わたしは若君(三寅)を抱いて相州(時房)・武州(泰時)と同じところにいる。あなたもここへ伺候なさい」と伝えさせた。この『吾妻鏡』の記述をみる限り、伊賀の方・伊賀光宗・北条政村の大倉邸と政子・三寅・北条泰時の邸宅が対立しているように映る。個別の対立関係をみると、「政子vs伊賀の方」「泰時vs政村」という構図となろう。したがって政子は、もともと対立する陣営にいた三浦義村へ、こちらの陣営へ顔をだしたほうが身のためだというメッセージを送ったわけだ。葛西清重《かさいきよしげ》・結城朝光・小山朝政《おやまともまさ》といった幕府の重鎮らも招かれ、政子は彼らに協力を要請する。

こうして彼女が重鎮の支持を取り付けた後、三日になって泰時の屋敷において政子の御前で審議がおこなわれた。そこで決した内容を『吾妻鏡』はこう綴る。

「光宗らが宰相中将（一条）実雅卿を将軍に立てようとし、その奸謀は露見した。（加担した）公卿以上をむやみに罪科に問うことはできないが、奥州（義時）の後室（伊賀の方）と光宗らについては流刑とする。その他の者はたとえ一味の疑いがあっても罪科は問わない」

こうして光宗は政所執事の職を解かれ、所領五二ヶ所没収の上、信濃へ配流された。また、伊賀の方も伊豆へ、実雅も越前へ流された。

以上の事実をどう理解すればいいのか。まず『吾妻鏡』に、義時の急逝を聞いて泰時が京から鎌倉へ駈けつける途次、「武州（泰時）が弟（政村）を討つにちがいない」という風聞もあったことが記されている。その後、泰時政権が発足し、事態は沈静化したが、そういう風聞があったため、泰時が静観していることを不気味に思った伊賀宗光らが大倉邸で伊賀の方と相談し、その件で三浦邸へ足繁く通っていたのではなかろうか。『吾妻鏡』は前述したとおり、「政子ｖｓ伊賀の方」「泰時ｖｓ政村」という対立軸が存在したように書いているが、後世の編纂物ゆえ、時の権力への忖度もあろう。牧の方の事件の際には将軍の座を狙った平賀朝雅に対してすぐさま追っ手を差し向けて殺しているが、実雅の場合、その後、配流先での暗殺が囁かれているものの、それは政子が他界した後の話であり、この時点では、単なる配流という〝ぬるい対応〟となった。やはり、具体的な計画がなかったとみるべきだろう。ではどうしてこのような結末を迎えたのか。そこには、北条政子という〝シナリオライター〟の存在がちらついている。

彼女にとって、義時の死後も執権邸である大倉の屋敷に住む伊賀の方とその一族は不気味な存在に映ったはずだ。とくに義時の死が急逝だったため、相続問題もはっきりしていなかった。プロローグで述べたとおり、当時は女性にも相続権があった。伊賀の方が事実上、北条宗家を乗っ取り、あらたに将軍を擁立して、政子の地位にとってかわるのではないかと疑心暗鬼にかられたのではないかとみている。老い先短い政子としては、故右大将家（頼朝）が築いた「家」が存続できなくなる可能性は、たとえどれだけ少ないものでも事前にその芽を摘んでおく必要があったのだ。そこで静観している泰時に不安を覚えた伊賀宗光らの行動につけこんだ。そして、政村の烏帽子親である三浦義村を半ば恫喝して宗光を切り捨てさせ、彼らの処罰という事件の幕引きを図ったのではないだろうか。

しかし、同時にそれは泰時との間に禍根を残す結果となった。このとき、政子は事実上の「鎌倉殿」の地位にあったものの、執権家の家督に介入する権限はない。このあたりの問題については歴史学者永井晋氏の研究に負うところが大きい。少し長くなるが、関係する箇所を次に引用する。

「この時代の家族制度からいうと、義時が泰時へ家督継承の手続きをとらないで卒去した場合、伊賀氏が義時後家の立場から家長権を掌握することは自然な成り行きであった。一方、政子は養親として鎌倉殿九条頼経を後見する立場にあったが、北条家の世代交代が進んだことにより、北条家の家長となる泰時の伯母にすぎなくなった。政子と北条氏本家の関係が希薄になったことにより、政子は伊賀氏の地位が強化されることに強い警戒感を抱いた。政子が本家の家督相続に介入した理由が、ここにある」（『鎌倉幕府の転換点』）。

政子と泰時の関係は、義時の遺領配分を巡る両者の考え方の相違にも現れている。遺領の配分をみた政子は、泰時の分が非常に少ないので不思議に思って尋ねたところ、彼は「執権を承った身としては所領などのことについて望みはありません。弟たちに与えようと思います」と答え、政子は感涙にむせいだという（『吾妻鏡』）。一般的には美談と解される話だが、①家督を継いだもののの、弟政村の問題もあり、弟たちへ配慮しなければならないほどに発足当初の泰時政権は不安定だった②遺領配分にまで口をはさもうとする政子の干渉をはねつけた――という見方もできよう。

義時とは、事実上の鎌倉殿と執権という良好な関係をつづけ、彼も姉に従ってきたが、その弟が急逝し、世代交代後、政子を取り巻く風向きに変化が生じたのだ（のちに泰時とその叔父時房は、政子の野望をうち挫くことになるが、それは第三章で詳述）。こうした変化は、彼女の「御台所」時代、さらには「尼御代所」時代と、政子の政治力を肌身に感じていた長老らが相次いでこの世を去っていたこととも関係していよう。翌嘉禄元年（一二二五）六月一〇日には、長老中の長老、大江広元が七八歳でこの世を去った。政子は五月末に病に倒れていただけに、その長老の死を聞いたショックは計り知れなかっただろう。一六日に政子がわずかながら気絶したと『吾妻鏡』に記される。七月八日には危篤に陥ったため、政子はもともと住んでいた東御所へ移り、十一日の午前二時ごろ、そこで死去した。享年六九歳。『明月記』には「不食ノ病」とあるが、老衰で食が細くなっていたのだろう。勝長寿院内の御堂御所で荼毘《だび》に付されたものの、現在、勝長寿院は残っておらず、いまでは寿福寺《じゅふくじ》（鎌倉市扇谷《おうぎがやつ》）の岩窟《がんくつ》（やぐら）の中に実朝と並んで彼女の墓がある。寿福寺は、政子が栄西を招いて旧義朝邸跡に建立した臨済宗の寺（鎌倉五山第三位）である。

［注1］一条実雅＝父は一条能保《よしやす》。参議。兄は一時、大姫の婿候補だった一条高能。三寅（のちの四代将軍九条頼経）に仕えて鎌倉に住み、執権北条義時の女婿となった。伊賀氏の乱（一二二四年）で新将軍に擬せられ、越前国へ配流後、安貞《あんてい》二年（一二二八）に死亡する。

［コラム］和田合戦の謎

建暦三年（一二一三）二月、前将軍（二代頼家）の遺児千寿丸（栄実）を将軍に擁立する計画が発覚し、侍所別当和田義盛の子息らがその計画に加わっているとして処罰の対象になった。執権義時への反発が背景にある事件だった。子息らは義盛の功に免じ、罪に問われなかったものの、義盛の甥胤長はわざわざ和田一族らが揃う目の前で縄をかけられ、義盛の面目は丸潰れとなった。義時のように国守（相模・陸奥）の官位を欲した義盛が希望をいれられず、もともと義時への不満は鬱積していたが、これが挙兵の直接の引き金となった。

同五月二日、囲碁の会を催していた北条義時のもとへ、火急の知らせが飛びこんできた。義盛が謀叛の兵を挙げるというのである。知らせてきたのは、義盛の本家筋にあたる三浦義村。彼は事前に義盛から秘事を告げられ、挙兵に加わると約諾していたにもかかわらず、裏切ったのだ。よって後に千葉胤綱《たねつな》に「三浦の犬は友をくらう」と痛烈に批判されることになる。

ところで、知らせを受けた義時は、驚くことなく静かにその座を立ち、烏帽子と装束をあらため、実朝の御所へ参じ、尼御台所（政子）と御台所（実朝の正室）を鶴岡八幡宮へ逃がしたという（『吾妻鏡』）。一方、急襲の必要性を感じた義盛は夕刻、武蔵国からの援軍（親戚筋である横山時兼《よこやまときかね》の軍勢）を待たず、反北条の名のもとに糾合した一五〇の軍勢を三手に分け、御所と小町の義時邸、大江広元の屋敷を攻めさせた。幕府が開かれて初めての市街戦、和田合戦の勃発だ。義時邸では主が御所へ参内して留守の者しかおらず、広元邸では昼間の酒席の余韻が残っていたこともあって、和田勢に蹂躙される。御所には義村の三浦勢も駆けつけるが、義盛の三男朝比奈義秀（母は木曽義仲の愛妾巴御前と伝わる）が御所の惣門をやぶって南庭へ乱入し、やがて御所は炎に包まれ、将軍実朝は法華堂へ避難した。とくに義秀の奮戦はすさまじく、有力御家人の足利義氏も政所の建物の前橋で戦うが、執拗に迫る彼を振り払って逃げるしかなかった。

しかし、日が暮れ、星が見える刻限ともなると、さしもの和田勢にも疲れがみえ、由比ヶ浜へ兵を引き退きはじめた。深夜になって雨が降りはじめ、和田勢は進退に窮したが、翌三日の明け方、腰越方面から時兼らの横山党などが和田勢に合流し、軍勢は稲村ヶ崎方面まで満ち満ちて息を吹き返す。そこで義時と広元は策を巡らした。和田勢から転じた波多野朝定《ともさだ》に起草させた将軍実朝の御教書に両名の署名と花押《かおう》をつけ、その書を和田勢の御家人らに回覧させたのである。こうして和田勢から幕府方へ転じる者があらわれ、さらには夜のうちに幕府方が軍を再配備したこともあり、和田勢はふたたび劣勢となる。そして夕刻ごろ、義盛最愛の四男義直が討ち死に。義盛も悲嘆の内に大江能範《よしのり》（西面の武士で承久の乱に宮方として参陣）の郎党に討ち取られた。

結局、鎌倉殿の御教書という権威に頼らざるをえなかったところに執権義時の限界を感じると同時に、もう少しで自身が滅ぼされていたという意味で人生最大の危難ともいえる。のちに、

「義時三度の難」［注1］のひとつに挙げられる事件であった。

ただここで疑問が生じる。合戦初日、賓客と酒宴をあげていた大江広元は、義盛の近隣の屋敷に住む者から軍勢が集まっているという注進を受けて御所へと参じている。また、前述したとおり、囲碁の会を催していた義時も三浦義村からの密告で和田方の動きを知る。義盛は、敵が酒宴や囲碁の会で油断している隙をつくため、横山党の到着を待たずに挙兵したと思われがちだが、義時はそんな脇の甘い男だろうか。彼が義村から密告を受けた際、慌てた様子をみせなかったのは事前に和田方の動きを予期していたからではないだろうか。つまり、義時と広元は、囲碁の会と酒宴という演出によって故意に油断をみせ、横山党が参戦する前に挙兵させ、撃破する算段であったともいえる。

想定していた以上に、和田勢が強かったのは誤算だったものの、歴戦の勇者である義盛も智謀では義時にかなわなかったというところだろう。

［注1］義時三度の難＝一四世紀初めに書かれた仏教説話集『雑談集』は「故義時三度の難を逃れて、その身久しく保てり」として、和田合戦・実朝暗殺・承久の乱を「三度の難」に挙げる。

第三章

政子の野望と人間関係

其の一　政子の野望

伊豆山神社の宝物の一つに「頭髪梵字曼荼羅《とうはつぼんじまんだら》」がある。北条政子が正治二年（一二〇〇）正月一三日、亡き夫頼朝の一周忌の日に、自ら髪の毛を除髪《じょはつ》して刺繡し、伊豆山権現法華堂本尊として梵字の曼荼羅を奉納したと『吾妻鏡』に記されている。政子は頼朝の死によって髪を下ろし、尼となった。この曼荼羅は、梵字一字一字の黒い部分がその際に除髪した政子の髪の毛であるといわれている。しかも、その髪の毛の血液型はO型であったという。つまり、政子の血液型がO型だったことになる。

血液と性格とは必ずしも一致しないといわれているが、政子の性格を考えるに一つの参考にはなるだろう。

それでは政子はその生涯を通じて何をしようとしたのだろうか。

男性優位の考えが定着した江戸時代には政子を「悪女」とみる見方が支配的だった。野村育代氏は著書『北条政子』で明治から昭和にかけての医史学者富士川游《ふじかわゆう》の研究をひいて、こう書いている。

「ある時、頼朝は政子に、御家人の中で誰が一番美男子であるか尋ねた。政子には畠山重忠にまさるものはいないと答えた。そこで、頼朝は、政子が畠山重忠に懸想しているのではないかと疑い、夜、畠山に変装して政子の寝所に忍び込むと、怒り狂った政子は薙刀で頼朝を一刀のもとに斬り殺した」

こうした政子を悪女とする風潮は「女だてらに権力を奮った」という考えが背景にあるようだが、彼女がただただ権力を欲し、権力に溺れる類の人物でなかったのは、後鳥羽上皇への拝謁を丁重に断った事実からも窺える。一方、『吾妻鏡』の記事の多くに政子は、仏事を修する女性として登場する。故人の菩提を弔うのは、その「家」の正室のつとめであり、かつ、彼女は第一章と第二章で述べたとおり、静御前をはじめ、多くのゆかりある女性たちの庇護者でもあった。その意味でいうと政子はじつに女性らしい女性といえる。また以上の役割は「家」を守る女性たちに共通する特徴でもある。

ただし政子は、御台所の資格（正室権）を最大限に用い、「鎌倉殿」の夫に準じる権限をもって政治にかかわった。たとえば、富士の巻狩りで頼朝が嫡男頼家を過保護に扱った話を聞き、その話を伝えにきた御家人に頼朝への皮肉をこめたのは、「夫がどういおうが、わたしは肉親の情にとらわれず、正しい評価を下しますよ」という彼らへの意思表示だと考えられる。だからこそ、頼朝の死後、彼女は御家人の信頼をえて、尼御台所として頼家と実朝の政治を補佐あるいは後見することができ、かつ有力な御家人らも彼女に服したのだ。

とはいえ、彼女はその政治生活において多くの者を死に追いやり、また失脚させてきた。比企一族の若狭局、継母の牧の方、実弟の後室伊賀の方、そして、実父の時政と長男の頼家。とくにみずから引退を命じて幽閉生活へ追いやった頼家については実弟義時によって殺害された可能性が大きい。その頼家の子（政子の孫）は五人いて、長男の一幡も比企の乱の際に実弟に討たれ、次男の公暁は実朝殺害の実行犯としてその日のうちに殺された。四男禅暁も兄公暁に通じていたという理由で事件の翌年、これまた実弟の義時によって京で討たれた。最後まで残った孫（男子）の栄実（千寿丸）も和田氏の乱（一二一三年）の残党に擁立され、京の六波羅探題を襲おうとして失敗し、自害する。一方、政子は長女（大姫）と次女（乙姫）も若くして失くしており、こうして彼女の血筋は孫娘の竹御所をのぞいて他に誰もいなくなる。母もしくは祖母としての政子の生涯は苦難と苦悩に満ちたものであった。しかも、みずからが手は下さずとも、彼女自身、嫡男と嫡孫の死にかかわった。そこまでして政子は、夫頼朝と築いた「鎌倉殿」の「家」を守ろうとしたのである。ただし、その「家」に政子自身がかかわらねば意味がない。たとえば後年、太閤豊臣秀吉の正室（おね）には、夫の死後に跡を継いだ秀頼《ひでより》の生母淀殿《よどどの》（秀吉の第二夫人）の〝豊臣家〟と、夫とともに築いた「豊臣家」とは別という考えがあったようだが、それと同じで政子にとって、長男の妻や継母らが継いではならないものであった。

ところが、その過程で予期せぬ事態が起きた。彼女が守ろうとした「家」は「鎌倉殿」のそれであると同時に、源氏の「家」であるはずだった。二代将軍頼家を幽閉し、息子と孫の殺害を認めたのは、次男の実朝がいたからだし、のちに京から迎えた正室と実朝との間に四代目が生まれないという事態はそのころには想定していなかった。しかし、実朝には世継が生まれなかった。源氏の血筋を絶やしてしまっては「家」を守ったことにはならない。そこで彼女は血筋として源氏にひきをとらない宮家から将軍の下向を願い、実朝が殺害される前年、熊野詣でと称して上洛し、朝廷工作をおこなった。しかし彼女は四代目の源氏将軍をあきらめていたわけではなかったのである。

その時点で源氏の血筋としては、公暁・栄実・禅暁の兄弟がいた。しかし、彼らは排除した頼家の忘れ形見であり、四代目として相応しくない。

そこで政子は頼朝の息子に白羽の矢を立てた。母は政子ではない。大進局という御所の女房。第一章で書いたので記憶に留めている読者もいることだろう。大進局の父は伊達常陸入道念西という御家人。かの伊達政宗の遠祖にあたる人物だ。政子は立場のちがいをはっきりさせるため、大進局に御所で出産することを許さず、男児出生後も出産の儀式はすべて省略させた。そうして長門景国という御家人にその男児を養育させた。やがて男児は、京の仁和寺の僧隆暁《りゅうぎょう》に師事し、貞暁と名乗った。同寺の道法《どうほう》法親王に灌頂《かんじょう》（真言密教の儀式のひとつ）をうけ、のちに行勝《ぎょうしょう》（穀味を断ち、山野を跋渉《ばっしょう》した木食《もくじき》上人として有名）に学ぶため高野山に入った。政子は熊野詣での途次、少し寄り道して高野山下の丹生都比売《にうつひめ》神社《じんじゃ》（和歌山県かつらぎ町）でその貞暁に会い、次の将軍になるよう要請したのだ。ところが、貞暁はみずから一眼を潰し、すなわち〝独眼竜〟となって、身の不自由を理由に政子の要請を丁重に辞退した（『傳燈法録《でんとうほうろく》』）。一般的には、もしも貞暁に次の将軍になる気があったら政子は刺客を差し向けて殺すつもりだったという文脈で語られている。政子が実家である北条家の利益代表であり、貞暁が北条氏の権勢を恐れたという解釈にもとづくものだ。

しかし、本当に政子は貞暁の本心を確認するためだけにわざわざ熊野詣での途次に彼を訪ねたのだろうか。まず、政子が実家の利益代表でないのは明らか。北条家にとって彼女は、プロローグで述べたとおり、「わきまえない女」であった。

貞暁が政子の要請を断ったところまでは事実としても、わざわざ行勝に学ぶために高野山へ入った事情を考えると、それは彼が俗世の権力より仏法を重んじたからではないだろうか。また、政子はのちに貞暁へ深く帰依したといわれる。

彼女は、宮将軍の下向を画策しつつも、源氏将軍の最後の砦として貞暁の還俗に期待し、宮将軍と源氏将軍の話を同時に進めようとしたのだろう。

結局、宮将軍の話はなくなり、摂関家から将軍候補（三寅）が鎌倉にきた。源氏の血筋を絶やしたくなかった政子は、孫や子の中で唯一残った竹御所を実朝の正室の猶子とし、三寅と娶せることによって源氏の血筋の温存を図ろうとしたのだ。竹御所は排除した頼家の忘れ形見であるものの、男と女ではちがう。政子は竹御所を自分自身の後継者にしようとしたのである。

それが政子の野望といえば野望といえた。すなわち彼女は、夫と築いた「家」を守り、夫の血筋である源氏の血脈を残したかっただけ。ところが、彼女が守ろうとした「家」が政治の中枢にあったがゆえ、守ることの難しさがあり、そこに多くの抗争と不幸が生まれ、だからこそそこに政子の苦労があったのではないか。そして、彼女にはその抗争に勝ち抜くための天賦の才能があったということなのだろう。

だが、その死後、彼女が願いを託した竹御所は、政子の同母末弟である北条時房の屋敷を産所としながらも母子ともに亡くなり、ここに彼女の野望は潰えた。この時代の未亡人がみな、所領や家を次の世代（彼女たちの息子ら）に「継ぐ」存在だったように、政子もそうしようとしたものの、それが成し遂げられなかったのだ。こうして源氏の血脈は絶え、のちに北条幕府と呼ばれる〝北条の天下〟が確立した。

たしかに竹御所とお腹の中の子の死には不信感がつきまとう（プロローグ参照）。もしも疑惑のとおりなら、政子の野望を阻んだのは、彼女が最も可愛がったとされる同母末弟の時房と甥の泰時だったといえる。貞応三年（一二二四）六月に義時が亡くなった際に政子が北条宗家の家督決定に介入し、その後、甥の泰時との関係がギクシャクしだしたことの延長線上で、この竹御所母子の死をとらえるべきではなかろうか。

ところで、このようにして政子の野望は潰えるのだが、ここでもう一つ、考えておきたいことがある。のちに「尼将軍」と呼ばれ、『吾妻鏡』が第四代の「鎌倉殿」に彼女を挙げているものの、本当に政子が「鎌倉殿」だったのかという疑問だ。

彼女の執政期（第二章で述べたⅢ期）に執権義時単独署名の書状（関東下知状・関東御教書）が発行されており、実朝が殺された年の承久元年（一二一九）一一月一三日付で御家人の一人に出雲国四ヶ所の地頭職を安堵した際の書状をみてみよう。まず末尾に、「右京権大夫太郎平（北条義時のこと）」の署名と花押《かおう》があり、四箇所の地頭職について「安堵せしむべきの状、仰せによりて下知くだんのごとし」という文面で最後を締めている。誰の「仰せ」によるかといえば、政子を措いて考えられない。つまり、これは執権義時が政子の仰せを承って御家人に地頭職を安堵した書状なのだ。

次に、建仁三年（一二〇三）に実朝が三代目の「鎌倉殿」となり、北条時政が執権となった際の書状をみてみよう。九月一三日付で末尾に「遠江守平（北条時政のこと）」の署名と花押があり、やはり御家人の一人に地頭職を安堵する際の書状だが、文面の最後は「鎌倉（殿が欠字）の仰せにより、下知くだんのごとし」で終わっている。時政が「鎌倉殿」（＝実朝）の仰せを承ってだしたものだ。このとき時政がまだ幼い実朝を乳母父として名越の自邸で擁しており、実朝の仰せによって同じような形の書状をだし、彼と後妻牧の方を警戒した政子らによって、やがて失脚させられるのだが、それはさておき、ここでは「鎌倉殿の仰せにより」となっている点が注目される。さきほどの書状にない「鎌倉殿」の記載があるのだ。逆にいうと政子の治世期には「鎌倉殿」の文言が欠落している。これは政子が「鎌倉殿」でなかったことを意味している。ただし、実力は事実上の「鎌倉殿」といえるため、彼女の「仰せ」がなくては地頭職安堵の一件について法的拘束力をもたなかったのである。政子はいわば「擬制鎌倉殿」というべきだろう。

おそらく政子もこのことを自覚していたはずだし、これが「尼将軍」の限界だといえよう。

政子は政治の世界にしゃしゃりでて「わきまえない女」の代表と誤解されているかもしれないが、以上みてきたとおり、彼女は当時の「家」の制度や「女性」の地位という当時の「常識」にしたがって自分の信念をつらぬこうとしたにすぎず、静御前らに対したように女性らしいところもあった。ただ、彼女の信ずるところと方向を異とする者にとっては「わきまえない女」だったといえよう。

其の二　政子を取り巻く人たち①父時政

伊豆の在庁官人だった北条時政が婿源頼朝の挙兵に応じた際、動員できる兵力はわずか八〇騎だったといわれる。この兵力で勝機があると思ったのだろうか。そもそも、伊豆に同じ貞盛流平氏の北条氏が盤踞していたからこそ、清盛は頼朝を伊豆へ流したのだろう。時政が頼朝の監視役だった蓋然性は高いと考えている。第一章で述べたとおり、追いこまれた頼朝が一か八かの賭けで挙兵したのだとしたら、婿に従わず、時政には清盛へ通報するという選択肢もあった。ところが時政は挙兵を選んだ。なぜなのだろうか。

まず第一に、在庁官人の時政が新たに平氏政権によって伊豆の目代に任じられた山木兼隆との間で何らかの確執が生まれ、あるいは利権を巡る争いが生じた可能性があること。第二に、相模国最大の武士団である三浦一族が挙兵の後ろ盾になっていたから、無謀な賭けではないと判断したのだろう。そして、先祖の平直方（貞盛流桓武平氏の嫡流）が都で検非違使に任じられ、その関係で北条氏にも京とのネットワークがあり、時政自身、平氏政権の動揺を敏感に感じ取っていたのだと考えている。伊豆の在庁官人であった時政は、平氏が台頭する前に伊豆国を知行していた吉田経房と良好な関係を築いていた。経房はのちに頼朝に推され、中納言に昇進する公卿である。

こうした事情があり、婿の挙兵を支えたものの、石橋山の合戦で頼朝軍は敗北し、時政は逃亡する際、のちに戦国武将がよく使う手を用いた。宗時・義時の兄弟をそれぞれ別ルートで逃走させたのだ。宗時が三郎、義時が四郎だから、宗時が嫡男で義時が次男（ほかに太郎と次郎がいて、早世した可能性はある）と考えられる。もし時政が敵に捕まって殺されても嫡男が生き残れば北条の家は保たれる。しかし、討ち死にしたのは宗時だった。

この石橋山の敗戦後の治承四年（一一八〇）八月二四日、『吾妻鏡』によると、「（時政・義時父子が）箱根湯坂を経て甲斐国へ赴かんと欲す」とある。時政は頼朝の軍勢を立て直すため、以仁王の令旨が下っているはずの甲斐源氏の加勢を求めようとしたのである。しかし、まずは頼朝の無事を確認するのが先。その日の夜、乱戦ではぐれてしまった頼朝に合流できた時政は二五日、頼朝の承諾をえて、「事の由を源氏等に達せんがために甲斐国へ」（『吾妻鏡』）行こうとした。ところが、二七日に時政は土肥郷から船で安房へ向かっているから、このときも思い直して頼朝のもとへ引き返したのだろう。頼朝の落ち着き先をまず確認してからでないと、武田信義を棟梁とする甲斐源氏との連携がうまくいかないと考え、このときには代理の者をまず甲斐へ遣わしたのだ。いったん土肥郷の頼朝のもとへもどった上で二七日に安房へ渡り、頼朝も二八日には真鶴から船に乗って翌二九日に安房に上陸した。時政らはこののちしばらく頼朝と行動を共にするが、当初の目論見どおり、九月八日にあらためて甲斐へと向かう。義時も父に同行したとみられる。頼朝は安房から上総、下総へと進み、ほぼ房総半島を平定したころに使いを遣わし、時政を甲斐勢の先達《せんだつ》となし、駿河の黄瀬川あたりまで来向《らいこう》してもらいたい旨、伝えている。

結果、時政は一〇月一八日、二万騎の甲斐源氏勢とともに黄瀬川に着陣。彼らの奮戦で平氏の追討軍を富士川でやぶり、その合戦を境に平氏の凋落がはじまる。時政はまぎれもない挙兵の功臣であった。

ところが、例の亀前の一件で舅（後妻牧の方の父）の牧宗親が頼朝に辱められた際に抗議の意味で伊豆へ引きあげ、以降、頼朝と軋轢を生じていた。それでも平氏滅亡後の文治元年（一一八五）、京都守護として都へ派遣されたのは時政であった。前述した吉田経房との関係を重視したからだろう。ただし、いくらもとは桓武平氏の嫡流だといっても、都では九条兼実の日記『玉葉』に「田舎の者」「珍物」と評される武骨者である。これまで頼朝の代官として京に駐留したのは範頼・義経という頼朝の兄弟だった。そこへ、どういう経歴の者かも知れぬ時政が京の治安にあたることになったのだ。兼実は『玉葉』で時政を「北条丸」と呼び、侮っている。「丸」というのは主に元服前の者に付ける名称。つまり、兼実は時政を一人前の男として扱っていなかったわけだ。

とはいえ、侮りは恐れの裏返しでもある。後白河法皇は源義経に頼朝追討の院宣を与えたが、その彼が九州へ向かう途次、暴風雨に遭って難破し、挙兵は失敗に終わった。そこへ、頼朝の代官として時政が京へ乗りこんできたのである。朝廷や院では戦々恐々だった。事実、一一月二八日付の『玉葉』において、時政が例の吉田経房と会ったことを伝え、時政が朝廷に重大な事を提案してくるのではないかと警戒した。実際に時政はこのとき五畿・山陰・山陽・南海・西海諸国に国地頭の設置を求め、それらの諸国から反別五升の兵粮米の徴収などを要請した。この国地頭をめぐっても時政と頼朝の意見が対立する。

　頼朝は国地頭の設置を認めさせながらも、院庁や朝廷を憚って時政に兵粮米の徴収を断念するよう求めたのだ。税の徴収（増税）には在地の反発もあり、実際に未納が生じていたからだ。兵粮米という名の増税は農民の生産意欲に関係し、それはもとより院や公卿らの荘園からの年貢取り立てにもかかわってくる。ところが、その頼朝の意に反して時政は当然の権利として兵粮米の徴収を図り、頼朝は突っ走ろうとする彼を鎌倉へ召喚した。

　一方、官位の推薦を一元化した頼朝はみずからが知行国主になった国々の国守について、弟の範頼を三河守、義経を伊予守とするなど、源氏の一族（門葉《もんよう》）やそれに準じる者（准門葉）を国守に推薦している。また、幕府官僚の大江広元のほか、下河辺《しもこうべ》行平《ゆきひら》や結城朝光も准門葉として扱われているのに対して、時政は舅でありながら、准門葉にも列せられず、頼朝存命の間は、もろもろ事件があって、どちらかというと頼朝に冷遇されたとみてよさそうだ。

　ところが、頼朝が亡くなると風向きが変わりはじめる。このとき通説は、時政が新たな鎌倉殿頼家の誕生によって、その舅である比企一族の台頭を極端に恐れ、権力欲にかられた彼がやがて頼家の将軍職を奪い取って三代将軍実朝を擁立したという文脈で語りたがる。しかし、その悪評は政子と義時がかぶるべきものであって、時政についてはあたらないのではないか。時政が比企氏の滅亡と頼家の追放、さらには将軍殺害という一連の陰謀に絡んでいるのは事実ながら、陰謀を主導したのは政子と義時だと考えている。

その時政と頼家の関係を語る上で重要な出来事は、頼朝が亡くなった翌正治二年（一二〇〇）四月一日に起きた。時政が従五位下遠江守に叙せられたのだ。源氏の門葉と准門葉を除き、国守となったのは彼が初めて。快挙といっていい。頼朝時代に冷遇された時政が一転、御家人筆頭ともいうべき立場に躍りでたのである。もちろん、頼家の意思であろう。彼は舅の比企一族をバックボーンにしつつも、外祖父にあたる時政を政権内に取りこもうとしていたのである。

時政も頼家のそういう心中は十分に汲んでいたのだろう。次男義時には頼朝の紹介で正室に迎えた比企朝宗の娘（姫前という）がいて、時政はその娘が生んだ朝時に自身の屋敷である名越邸を継承させようとし（細川重男著『執権』）、このことから彼は、比企氏の血縁者に北条宗家を継がせようとした節が窺える。ここに、娘の政子や息子の義時と時政が対立する遠因があり、のちの時政失脚へ繋がる伏線が潜んでいたといえる。

其の三　政子を取り巻く人たち②弟義時

政子と阿波局の二姉妹、宗時・義時・時房の三兄弟。彼らは同じ母（伊東祐親の娘とされる）から生まれたと考えられている。義時は「四郎」と呼ばれているから四男だといえるが、彼の上には宗時しか確認できず、ほかに兄がいたとしても夭折したとみられる。義時が生まれたのは、永暦元年（一一六〇）に頼朝が伊豆蛭ヶ小島へ流された三年後。治承元年（一一七七）に姉の政子と頼朝が結婚したとすると、義時は一五歳。その三年後、彼が一八歳のときに頼朝が旗揚げする。

しかし、頼朝は石橋山の合戦（一一八〇年）で敗れ、兄の宗時が討ち死にし、義時は父時政とともに甲斐へ行き、甲斐源氏の先達となって富士川の合戦で平氏の軍勢と戦った。そのときにはまだ父に従うだけの存在でしかない。しかも、宗時が討ち死にしたことで義時が嫡男の扱いになったのかというとそうではない。

翌治承五年（一一八一）四月、義時は頼朝の寝所の警護などにあたる寝所伺候衆（一一人）に任じられ、頼朝のいわば親衛隊の一員に抜擢されるものの、『吾妻鏡』には「江間《えま》四郎」の名で記載されている。「北条義時」ではないのだ。

歴史学者の細川重男氏が『吾妻鏡』から北条義時に関係する箇所を拾って調べたところ、「北条」の氏名で記載されたのが一三例だったのに対して、「江間」の氏名での登場が五九例と圧倒的に多く、「北条」の場合も、父時政や兄宗時との連記で「同四郎」と書かれたケースを含み、単独で「北条」と記された例はわずかに一七例だったという（『執権』）。それでは「江間」とは何なのか。北条氏発祥の地は伊豆国田方《たがた》郡北条だが、その隣接地に江間という在所がある。近くには「長崎」もあり、鎌倉時代の半ば以降、その地出身の長崎氏が幕府を実質的に動かし、その一族の専横への反発が幕府を滅ぼすことになるが、もともと長崎氏は北条氏の庶流にあたり、北条氏宗家の御内人（家臣）だった。つまり、北条氏の嫡流は兄宗時であり、四郎義時は長崎氏と同じく、北条一族である「江間」氏の祖となり、兄が存命ならその家臣となる運命だった。ところが、その兄が石橋山の合戦で討ち死にする。しかしこのころ、父時政は『愚管抄』の言葉を借りると、「若き妻（後妻）をもうけ」、その後妻牧の方との間に男子が生まれる可能性があった。よってすぐ義時が北条氏の嫡男として扱われたわけではない。

ともあれ、江間義時は頼朝の寝所伺候衆となり、その義兄の信頼を勝ちとる機会が二〇歳のときにやってくる。寿永元年（一一八二）のこと。継母の密告によって頼朝と亀前との不倫関係が発覚し、怒った政子が牧宗親（時政の舅）に命じて、その妾宅を破壊させた。するとこんどはそれを聞いた頼朝が激怒し、宗親を呼び出してその髻を切ってしまう。この事件の際、時政は寵愛する後妻の父に対する頼朝の仕打ちを不快に思い、無断で伊豆へ帰ってしまったが、義時は父と行動を共にしなかった。そこでそのことを喜んだ頼朝は義時を召し出し、「なんじはわが命を察し、彼（時政）の下向に従わなかったことに感じ入った。追って賞を取らせるであろう」（『吾妻鏡』）といって褒めた。義時が義兄の信任をえて、北条宗家とは別に、あくまで江間氏の当主として生きてゆく覚悟を決めた瞬間といえる。

またこのころ義時は妻を迎えたと考えられ、翌年には嫡男の泰時（のちの執権）が誕生した。二二歳から二七歳までの時代は戦塵の中で暮らし、頼朝が平氏追討のために西国へ遣わした源範頼軍に従軍し、頼朝の奥州遠征にも参加した。ただ、歴史が彼の軍功について何も語らないところをみると、合戦で目立った活躍はできなかったのだろう。その奥州遠征のあった文治五年（一一八九）ごろ、継母の牧の方が待望の長男を出産。その長男が北条政範となり、彼が北条宗家を相続する予定だった。そのことは、彼がのちに従五位下左馬権助という官位官職についていることから裏付けられる。同じ年に義時も従五位下に叙任され、相模守となったものの、義時四二歳の壮年期の話であり、それまでの活躍が評価されてのもの。一方の政範が当時、一六歳だったことを考えると破格の扱いであり、北条氏の嫡男として、庶子である義時に引けをとらないための措置と考えるほかにその理由を見いだせない。

義時は建久元年（一一九〇）、頼朝の上洛に同行し、頼朝が右近衛大将に任じられた拝賀の儀で後白河法皇へ拝謁する際の行列の七騎の一人となった。七騎の顔触れは義時のほか、小山朝政、和田義盛、梶原景時、土肥実平、比企能員、畠山重忠。幕府開創の功臣たちばかりで、治承寿永の内乱でほとんど功のなかった義時がメンバーに加わっているのは、それだけ頼朝に可愛がられていた証しといえる。政範が生まれたことで彼が北条宗家を継ぐ芽はなくなったが、建久二年(一一九一)、火災の被害にあった鶴岡八幡宮が再建された際、義時は御剱《みつるぎ》を持ち、頼朝の側近として振舞い、その近臣として生きていく道が残されていた。

同三年九月、その年に三〇歳になった義時は比企朝宗の娘(姫前と呼ばれる)を妻に迎えた。彼女は当時、噂の美人だったらしく、義時が彼女に惚れ、頼朝に仲介を頼んだようだ。頼朝は義時から決して離別しない旨の起請文をとり、彼女に言い含めて娶せたという。義時には、泰時を生んだ妻がいたものの、この姫前が正室となった。翌年五月、有名な頼朝の富士の巻狩りの供をつとめ、同六年(一一九五)には、平氏に焼き討たれた東大寺の再建供養のために頼朝が二回目の上洛を果たし、義時もそれに従っている。

同一〇年(一一九九)は、三七歳になっていた義時にとって一大転機の年となる。正月に頼朝が死去。四月、一三人による合議制がスタートし、義時もそのメンバーとなったのである。一三人のメンバーで時政と義時の二人が北条氏から選抜されたようにみえるが、義時を「江間義時」だとするとその謎は解ける。メンバーには三浦一族から宗家の義澄と庶流の和田義盛がメンバー入りしているのと理屈は同じだ。

ともあれ、最大の庇護者である頼朝を失くした義時は、姉の政子はもちろんのこと、ここからのちしばらくは父と手を携え、政治的な地盤を築きはじめる。

ここからは運も彼に味方した。一三人の内、まず御家人が連名で梶原景時を糾弾し、失脚させたのである。次いで三浦義澄・安達盛長という古参の功臣がこの世を去った。父時政は幕府官僚のボスともいえる大江広元を篭絡しつつあり、義時が義澄の嫡男義村と昵懇だったこともあって、彼にとって父時政を除きライバルといえるのは比企能員・和田義盛だけ（八田知家・足立遠元もいるが、警戒するような勢力ではなかった）となった。そうして満を持していたかのように彼は動きはじめる。このころからようやく義時は権力抗争の荒波の中に踏みだしたとみていいだろう。

建仁三年（一二〇三）に頼家が病に倒れたとき、千幡の乳母父である時政は次の「鎌倉殿」を一幡となすという妥協を比企能員との間で成立させた。時政は、比企氏と血縁関係のある鎌倉殿の誕生を認める代わりに千幡を副将軍格とすることに成功したのである。だが、尼御台所の政子は、一幡の生母若狭局が自分と同じ立場となることを警戒し、父時政と能員との接近にも危機感を抱いた。こうして政子は比企氏の排除を考えはじめるのだが、義時の立場は微妙だった。彼は比企一族から正室の姫前を迎え、このとき一一歳になる朝時という息子を彼女との間にもうけていた。しかも前述したとおり、美人で評判だった姫前を妻とするにあたり、義時は決して離別しないという誓いをたてている。ところが、この誓いをやぶり、彼は彼女を離縁し、姉政子とともに比企氏排除へと舵を切るのである。

その理由は朝時にあると考えている。まず、その朝時がどういう生涯を送るのか見届けてみよう。建永《けんえい》元年（一二〇六）に一四歳で元服。ところが、その後、将軍実朝の御台所に仕える女房にちょっかいをだし、その逆鱗に触れた。義時は朝時を義絶（勘当《かんどう》）したものの、一年後の和田合戦では許されて、兄泰時とともに防戦にあたり、御家人に復帰している。ちなみに朝時の妻は大友能直の娘である犬御前だとされている（プロローグ参照）。

『吾妻鏡』寛喜三年（一二三一）九月二七日条には、朝時の屋敷に強盗が入った際、兄の泰時が政務をほうりなげて駆けつけ、彼は感激して子孫に至るまで兄への忠誠を誓ったという。『吾妻鏡』がわざわざこの話を掲載しているのは、泰時と朝時の関係が微妙だったからだ。まず、ここでいう朝時の屋敷は、もともと時政が住んでいた名越邸をさす。時政は朝時に自分の屋敷を譲っているのだ。屋敷の継承は家督のそれを意味する。それすなわち、時政は比企一族の娘から生まれた朝時を養子に迎え、後継者にしようとしていたことをも意味する（細川重男著『執権』）。ただし、朝時が元服したとき、すでに時政は失脚したあとのこと。いつ朝時が名越邸を祖父に譲られたかは不明だが、まさにこのとき——時政が比企能員と妥協した建仁三年、彼が一一歳のときの話だったのではなかろうか。

ここで読者は、時政には後妻牧の方との間に政範という跡取りがいたことを思い出したはず。ここからは筆者の解釈になるが、その方向性に変わりはなかったにせよ、政範に跡を継がそうとした時政の意志が比企氏との連携を図ろうとしたこのころ揺らいだのではなかろうか。まさか時政もすぐさま政範を廃嫡することまでは考えていなかったはずだが、牧の方にしたら雲行きが怪しくなり、義時に相談したとしても不思議ではない。もちろん、だからといって比企氏の乱の黒幕の一人が牧の方だったとまではいわない。それを裏付けるような証拠はないからだ。しかし、義時にとっても、比企一族と急接近する父を危ういと感じ、かつ、うまくいけば、揺れ動く父の心の隙をつき、北条宗家を乗っ取ることができると考えたのではなかろうか。

こうして比企の乱は、若狭局と比企氏を排除しようとする政子主導でおこなわれ、覚悟を決めた義時は妻の実家より姉を選んで妻を離縁し、一幡の御所にこもった比企一族を連携する御家人らと攻めた。また、御所から逃げた一幡を郎党に追わせ、殺害させている。いったん決意した以上、細大漏らさず、徹底してやりきるという性格が窺える。

こうして彼は姉政子と一蓮托生で権力抗争に首をつっこんでゆくことになった。翌元久元年（一二〇四）一一月五日、北条宗家の嫡男として扱われていた異母弟の政範が病死し、正真正銘、江間義時が宗家の家督を奪う千載一遇の好機が訪れた。しかも、姉政子は父の後妻牧の方への警戒を強めていた。

その翌年時政は、武蔵国の支配権を確実なものとするために義時が敬愛する畠山重忠らの一族を罠にかけて滅ぼし、そのことで父への反発はより強まった。結果、元久二年（一二〇五）閏七月一九日に姉政子とともに父時政を失脚させ、翌日、父から政所別当の職を継ぎ、執権となった。その六年前には、初代鎌倉殿に近侍していたとはいえ、北条一族の江間氏の当主にすぎなかった義時が宗家を乗っ取り、幕府の権力をも掌握したのである。とても彼一人でできることではない。やはりそこには尼御台所である姉政子の支援があったればこそであった。『吾妻鏡』には「よりて尼御台所遣わす」とあり、そもそも、時政失脚のために御家人を動かしたのは政子であった。そして、同じく『吾妻鏡』に「相州邸（義時の屋敷）に前大膳大夫《だいぜんだいぶ》（大江広元）・属入道《さかん》（三善康信）らが参会す」とあるとおり、時政失脚の翌日、幕府官僚が義時を支える姿勢を示したのも、政子が後ろ盾になっていたからだ。

こうして幕府執権義時の政治がはじまるのだが、まだまだ彼の政権がスタートしたとはいえない。当時は政所別当に大江広元がいて、その後、政所別当が増員され、義時も基本、彼らとの合議が優先された。また、当時の行政文書をみても、政所下文のほか、義時の下知状が発給されるようになるが、あくまで広元との連署であった。また、第二章で述べたとおり、三代将軍実朝も政子の後見をうけているとはいえ、彼女や義時の傀儡とはいえず、明確な意思をもって政治をおこなっていた。

義時政権といえる状況は、三代将軍実朝の死後、とくに義時追討を目論んだ後鳥羽上皇の企み（承久の乱）を斥《しりぞ》けたのちにやってくる。『北条義時』の著者岡田清一氏によると、そのころに初めて義時単独署名の下知状が確認でき、彼が急逝するまでの間に計九三通の下知状が発給されているという。しかし、それは政子が幼い将軍候補の三寅を擁し、「簾中にて聴聞す」（『吾妻鏡』）という状況下での話。義時の下知状に、「擬制鎌倉殿」である政子の「仰せによりて下知くだんのごとし」とあるとおり、政子の意に反することはできなかった。その意味では慈円が『愚管抄』に「（政治を）二位尼（政子）惣領して（中略）義時右京権大夫沙汰してあるべし」と書いた状況は的を射た表現だといえる。この時代（政子のⅢ期）の政治についてよく政子と義時の「二頭政治」という表現をみかけるが、どちらが「上」かとたずねられたら、躊躇なく「政子」と答えるであろう。義時こそが姉の真意を忖度し、よく「わきまえる男」だったのではなかろうか。彼には北条政権樹立という野望はあったものの、政子を擬制鎌倉殿として仰ぎ、その影響に浴しつつ、野望を実現しようとした。そうして彼の死後、これまでみてきたとおり、息子の泰時と政子がその路線を巡り、対立の兆しをみせはじめるのである。

一方、時政の失脚で北条朝時は宗家を継ぐことができなくなり、北条庶流の「名越朝時」として生きていくことになった。ここに泰時と朝時の立場は逆転した。名越邸に強盗が押し入った際の二人の兄弟の反応をみると、泰時はそのことを意識していたからこそ弟に心を配り、また弟もそんな兄の気持ちを汲んでいた事実が垣間みえる。実際に義時が急死した際に朝時は具体的なアクションを起こさず、事態を静観している。ただし、彼の子孫はちがったようだ。本当なら自分たちこそが宗家という気概があったのだろうか。名越氏は、義時が乗っ取った形の宗家（嫡流家）に反抗的な態度を示し、宮騒動［注1］・二月騒動［注2］でたびたび謀叛を企てた。

ところで、義時が乗っ取った形の北条氏宗家は「得宗《とくそう》」と呼ばれるが、そこにも謎がある。それについて述べ、この項を終えたい。

義時から数えて執権は、鎌倉幕府滅亡時の北条（赤橋）守時（足利尊氏の義兄）まで一五人いる。その一方、「得宗」は「義時―泰時―経時《つねとき》―時頼《ときより》―時宗《ときむね》―貞時《さだとき》―高時《たかとき》」とつづく。つまり、執権より得宗の数が少ない。例えば、幕府最後の得宗となった高時が正中《しょうちゅう》三年（一三二六）に執権の職を辞したのち、金沢貞顕《かねざわさだあき》と赤橋守時がつづけて執権となったが、彼らは執権といえども、得宗である高時の意向なくして何も進められなかった。これを「得宗専制政治」という。執権政治から得宗専制政治に切り替わった年代については諸説あるものの、確立したのは北条時宗の時代になってからだろう。

一方、南北朝時代の史料に「義時が得宗と号す」とあり、得宗は彼の法名だとされているものの、不思議なことに義時の法名は「観海《かんかい》」。「得宗」ではない。ではいったい、「得宗」は何に依拠した名称なのか。「得宗」は「徳崇」とも書かれ、北条時頼（義時の曽孫）の法名が「道崇《どうすう》」であることから、その「崇」の字にちなんで北条宗家をのちに「徳崇《とくそう》」と呼ぶようになったのではないかという説もある（細川重男著『執権』）。時頼も庶子の生まれから執権となっただけに、初代義時との共通項があり、時頼が「徳崇」の号を追贈したという説だ。「徳」は「徳を積む」や「徳政」などと良い意味に使われるから、その「徳」と時頼の「崇」を組み合わせた追号は執権政治を確立させた義時に相応しく思える。

ところが、時頼の嫡男である時宗に「徳崇と号す」と読める史料のあることを岡田清一氏の著書（『北条義時』）で知った。その史料は鎌倉時代の終わりごろに成立したもので、「徳崇」という号の最も古い例ではなかろうか。その後、岡田氏の研究で『六波羅下知状案』（一三〇〇年）などの一次史料に「得宗御領」などと記載されるようになったことがわかる。得宗専制政治を確立させ、かつ、「徳崇」と号した時宗の時代以降は義時が神格化された時代でもあり、世代を遡って義時の法名が得宗だという誤解に結びついたのではなかろうか。ともあれ、義時の法名が得宗でなかったとしても、彼が執権政治と後の得宗専制政治をもたらした得宗家初代という定義でいいだろう。

［注1］宮騒動＝源氏が三代で滅び、嘉禄元年（一二二五）に政子が亡くなると、摂関家の九条家から鎌倉入りしていた三寅は元服して頼経と称し、翌年、正式に征夷大将軍に任命された。その頼経は寛元《かんげん》二年（一二四四）、子の頼嗣《よりつぐ》に将軍職を譲ったが、同四年（一二四六）に北条時頼が執権となると、北条庶子家の名越光時《みつとき》（母は大友能直の娘犬御前とされる）が頼経に接近し、執権の地位を奪おうとする事件が起こった。頼経は京都

に追放され、光時は伊豆へ流された。

［注2］二月騒動＝文永《ぶんえい》九年（一二七二）二月に起きた北条氏一族の内紛。執権の北条時宗は、異母兄で六波羅探題南方の地位にあった北条時輔《ときすけ》が謀反を企てたとしてその兄を討った。また、時輔とともに時宗に不満を抱いていた名越教時《のりとき》（宮騒動の光時とは異母兄弟）らも鎌倉で討たれた。

其の四　誰が政子を「尼将軍」と呼んだか？

早くて鎌倉時代の半ば、おそらく一三世紀の終わりごろに編纂されたとみられる『吾妻鏡』は、巻頭の「関東将軍次第」で「平政子」を四代将軍としているが、彼女が征夷大将軍に補任された史実はない。また彼女は、「鎌倉殿」ともいえず、「擬制鎌倉殿」というべき存在であると書いてきた。

したがって、厳密には将軍でない彼女を「尼将軍」と呼ぶのは誤っている。しかし、「擬制鎌倉殿」と同じく、彼女を「将軍に準じる存在」とみたら、あながち誤りとはいえない。それでは誰が最初に政子を「尼将軍」と呼んだのであろう。また、その理由はどういうところにあったのだろうか。それは、政子という女性政治家を後世の人々がどうみていたのかという問題にも関係してくる。

正直、誰が最初に政子を「尼将軍」と呼んだのかは断定できない。ただし、そうではないかという人物はいる。筆者不詳の系図や年代記などを除き、筆者名が推定できる史料で、かつ、政子が将軍になったと初めて書いたと思われる人に、のちの関白二条良基《よしもと》がいる。『増鏡《ますかがみ》』の筆者とされる人物だ。『増鏡』の成立年は不詳だが、上限を南北朝の争乱がはじまったばかりの延元《えんげん》三年（一三三八）だと仮定すると、政子が亡くなって一一三年後のこと。その『増鏡』にこうある。

「故大臣（源実朝）の母北の方二位殿（政子）といふ人、ふたりの子をも失ひて、涙ほす間もなく、しほれ過ぐすをぞ、将軍に用ゐける」

実朝が殺害された悲しみの涙が渇く間もなく将軍になったというのだ。同じころに成立したとみられる系図類には「尼将軍これなり」などと記載され、彼女が七年間、将軍についていたとする。ただし、正式な将軍宣下《せんげ》はなかったと、そこは正直にごまかさず記述している。公卿である二条良基もむろん、将軍宣下がなされなかった事実は了解しているはずだが、それでも彼女を将軍とみなしている。南北朝時代に政子は世の人々から、事実上の将軍であったと思われていたのである。

時代がやや下って室町時代になると、冷静な記述が目立つようになる。たとえば、執権北条泰時が貞永《じょうえい》元年（一二三二）に定めた幕府の基本法典である「御成敗式目」の注釈書（解説書）だ。一五世紀以降その法典の注釈書がいくつか生まれるが、なかには、政子を「尼将軍」としつつも、その理由について「天下の御沙汰を執行していたことにある」と、事実に即した表現がみられる。このころになると、「尼将軍」というのはあくまで彼女が権力を掌握していたことの象徴的な表現となり、彼女が「将軍」であったとか、「鎌倉殿」だったという認識はなくなる。

江戸時代になるとどう変わるのだろうか。たとえば、仮名草子《かなぞうし》のひとつ、『本朝女鑑《ほんちょうおんなかがみ》』には「才智ならびなし」「謀慮《はかりごと》かしこく」「常に太平の道を行はる」と政子の資質を讃え、かつ、「天下の執権して世を治む」ゆえ「世に尼将軍と名づけたり」と記し、ここでもやはり、事実上の尼将軍として世を治めたという現実に即した解釈になっている。また、「開闢《かいびゃく》よりこのかた、女性のなかに比《たぐ》ひなき人なりと、諸人おそれ重んず」とつづく。この国の歴史がはじまって以来、女性の中で彼女のような人はおらず、みんな恐れ、そして彼女を重んじたというのだ。江戸時代の神道《しんとう》家井沢蟠竜《いざわばんりゅう》は『広益俗説弁《こうえきぞくせつべん》』で「尼将軍号のこと偽なり。将軍宣下きき及ばず（中略）無用のところにさしいで、才まぐらるる故、尼将軍と諢名（あだ名）せしものなり」と書いている。ちょっとしたことにも口をはさみ、そうやって政治の才能をひけらかしてくるので尼将軍と渾名されるようになったと皮肉っているのだ。

プロローグで書いたとおり、南北朝時代の半ばに分割相続から嫡子単独相続へ切り替わり、次第に妻たちは「家」の中で家父長である夫への従属を強め、江戸時代には男性優位の社会になった。その時代がこうした表現を生んだといえるが、蟠竜が書いた内容は正確だった。将軍宣下をうけていない以上、政子は将軍ではない。それを尼将軍と称すなら史実の捏造であり、偽将軍となるが、政子は生涯、将軍や鎌倉殿を自称したことはなかった。

一方で、南北朝時代に関白にまでなる人（二条良基）が「将軍」と書き残し、鎌倉時代の終わりに編纂された『吾妻鏡』は彼女を四代将軍と認めている。当時はまだ女性の地位は高かった。そんな時代の人が将軍宣下に関係なく彼女を「将軍」もしくは「尼将軍」と呼んでいるのは、それだけ彼女の事績を熱烈に受け入れようとする時代の空気感のあらわれだと思うのだが、いかがだろうか。

エピローグ

政子と日野富子

其の一　日野富子は本当に「悪女」だったか？

北条政子ともう一人、日本史を代表する女性政治家の名を挙げるとしたら、誰もが「日野富子《ひのとみこ》」と答えるのではなかろうか。室町幕府八代将軍足利義政《よしまさ》の御台所。将軍正室という政子との共通点もある。江戸時代には政子を「悪女」とする風潮がみられるようになるが、富子の場合、ここ最近見直しが進むまで、「応仁の大乱（一四六七～一四七七年）をもたらした元凶」、かつ、「戦乱をよそに蓄財に励んだ守銭奴《しゅせんど》」という評価が主流をなしていた。「悪女」の代名詞のごとく扱われる人物でもある。

しかし、まず彼女が応仁の乱の元凶だという説は作者不詳の史料『応仁記』の誤解にもとづくと考えられる。通説では、長らく男子に恵まれなかった富子は、寛正《かんしょう》六年（一四六五）に夫の将軍義政との間に男子（のちの九代将軍義尚《よしひさ》）を出生するが、将軍後継者は義政の弟義視《よしみ》に決定しており、幕府の実力者である細川勝元《ほそかわかつもと》（のちの東軍大将）が後見していた。そこで富子はもうひとりの実力者山名宗全《やまなそうぜん》（のちの西軍大将）に義尚の庇護を依頼し、大乱の引き金になったとされてきた。

しかし、事実関係をたどると、富子がわが子の将軍就任を望み、義視と対立関係にあったことまでは認めるとしても、彼女が東西両軍のいずれかに与した事実はなく、むしろ、夫の将軍義政こそ、細川勝元に抱きこまれる形ながら、一時東軍方となっていた。

大乱の原因はこのころ嫡子単独相続に切り替わっていたことと関係する。幕府の管領職にしても守護職にしても、一人の嫡子（男）しか相続できず、嫡子となるかどうかでは雲泥の差が生じる。そうなると兄弟どうし争うのは自然の流れ。こうして管領《かんれい》家の畠山《はたけやま》氏や斯波《しば》氏をはじめ、各地の守護家で家督争いが起き、細川勝元と山名宗全という幕府の重鎮が対立するようになると、家督を争う勢力どうしがそれぞれ勝元陣営と宗全陣営にわかれ、京ではじまった戦いが全国へ広まっていったのである。

それでは、引きつづき通説を否定しつつ、日野富子という女性政治家の生涯を振り返ってみよう。富子は永享《えいきょう》一二年（一四四〇）、日野政光《まさみつ》の娘として生まれた。日野家は三代将軍義満《よしみつ》の時代から将軍御台所を輩出する家系。ちなみに、将軍義政の母（重子《しげこ》）も日野家の出身で富子の大叔母にあたる。また、富子の妹も義視に嫁ぎ、一〇代将軍義材《よしき》（義稙《よしたね》）を生む。富子は一六歳で五つ年上の義政に嫁いだが、当時、日野家にとっては好ましくない状況にあった。義政の乳母であり、かつ側室でもある今参局《いままいりのつぼね》が寵愛をうけて権勢を奮っていたからだ。そこで策略家である富子の兄勝光《かつみつ》や大叔母重子は、正室としての彼女に期待した。いわば、実家の明暗を託された形だ。このことがまず、富子のその後の半生に大きく影響した。

富子は結婚四年目で待望の男子を出産するが、すぐに死亡。これを今参局の呪詛によるものだとし、彼女は琵琶湖の中に浮かぶ沖島へ配流される途中、切腹した。重子の謀略の結果だとされる。

寛正五年（一四六四）には、結婚して一〇年目の義政・富子夫妻が糺河原《ただす》（鴨川の河原）で勧進猿楽《かんじんさるがく》を見物している。しかし、こののち、夫婦関係は冷え切ってしまう。いや、実家の期待を一身に背負って将軍御台所となった富子と義政の間には、もともと一般的な意味でいう夫婦の情愛がなかったのかもしれない。翌年、富子が義尚を生むと、富子と後土御門《ごつちみかど》天皇の密通の噂が囁かれるようになる。彼女が禁中《きんちゅう》（皇居）にいたころ、天皇と密通して生まれたのが義尚だというのだ。このことが富子を「悪女」に推しあげる要因の一つにもなった。しかし、結論は事実誤認というべきで、天皇が富子の侍女に手をつけたことが拡大解釈された疑いがある。とはいえ、たとえ噂でも、義政は妻の不倫疑惑を許せなかったようだ。このころから、室町殿（花の御所）に帰らないことが多くなった。

また、応仁の大乱の渦中の文明《ぶんめい》五年（一四七三）、義政は九歳の義尚を元服させて将軍職を譲り、利権に絡む案件を除いて政治への関心を失い、現実逃避の傾向が強まってゆく。

隠居の翌年、小川新御所（小川殿）が落成すると、義政は義尚と富子を室町殿に残し、一人、小川殿へ移った。その後、室町殿が戦火で焼失。被災した富子・義尚の母子が小川殿に移ってくると、義政は妻を避けるように長谷《ながたに》の山荘へ引っ越し、さらに東山山荘（慈照寺＝銀閣寺）の普請に乗り出す。あくまで妻との別居を貫こうとする夫の姿勢に、この夫婦関係が如実に現われているといえよう。ともあれ、政治への意欲を失くした義政とその周辺には退廃的な空気が流れ、すでに大乱がはじまったころより「公武上下昼夜大酒」（『大乗院寺社雑事記』）とあって、朝廷・幕府ともに上から下まで昼間から大酒をくらっていたというムードは常態化していた。将軍がそうだから御台所の富子が否応なく政治をみなければならない。こうして富子と実兄である勝光が事実上政治を担い、文明八年（一四七六）に兄勝光が亡くなると、富子が一人で政務にあたらなければならなくなった。

　こうして富子が政治をおこなったところまではよかったものの、その結果、「御台（中略）料足ともその数を知らず御所持」（『大乗院寺社雑事記』）と、彼女が莫大な蓄財をしていたことが書き残されるに至る。これが彼女を守銭奴とする最大の理由だ。しかも、富子が蓄えた銭は、賄賂によるものだとされる。便宜を図る見返りに受け取った賄賂で財を成したのだから、いまなら、贈収賄の罪に問われ、即刻、政治生命を絶たれる。しかし、この時代、急激に貨幣経済が浸透し、蓄えた銭を社会に還元すれば有徳人《うとくにん》（徳のある人）になれるという考え方があった。たとえば、富子は西軍の畠山義統《よしむね》に一〇〇〇貫《がん》を貸し付け、その二ヶ月後、畠山勢は軍を国元へ引き上げている。またこれを機に西軍諸将が下国し、大乱は終結した。富子は畠山のほかにも大名貸し付けをおこなっていたことが窺えるが、その狙いは、大乱の終息と平和の実現にあったとみるべきだろう。

ただ、幕府が京の七口《ななくち》（出入口）に関所をもうけて関銭を徴収し、庶民の反発を招いて一揆を招いた際、内裏の修理を名目にしていたものの、それは「有名無実」であり、関銭の収入は「御台の御物《ぎょぶつ》」（『大乗院寺社雑事記』）になったとされる。その意味でいうと富子は守銭奴である。しかし、彼女が蓄財した財貨をみずからの贅沢な暮らしのために使ったという証拠はなく、前述したように大名への貸し付けが大乱を終わらせるための資金として使われたのみならず、朝廷との外交を担った彼女がその工作資金として出費していた事実が史料から散見される。とはいうものの、彼女が亡くなったときには多くの遺産が残されていたというから、残念ながら、守銭奴という疑惑を完全には払拭できない。

長享《ちょうきょう》三年（一四八九）三月、九代将軍義尚が富子の加持祈禱の甲斐もなく他界し、翌年一〇代将軍に義材（前出）が補任された。彼を将軍に推したのは富子だった。そもそも義尚には実子が生まれず、富子の目は、妹が生んだ義材に向けられていたのだ。

義尚の他界によって富子は政界からの引退を決意し、岩倉の金龍寺《きんりゅうじ》で落髪《らくはつ》（出家）しようとしたが、管領の細川政元《まさもと》らにいったん引き留められた。しかし、翌年の正月七日に夫の義政が病死すると、ようやく出家を遂げることができ、明応《めいおう》二年（一四九三）、将軍義材が富子と対立するや、政元とともにそれを廃し（明応の政変）、同五年（一四九六）五月二〇日に亡くなった。享年五七歳。

彼女が守銭奴であったという疑いを完全に払拭するには至らなかったものの、富子を「悪女」というなら、利権だけをわがものとし、妻に面倒な政治を委ねて退廃的な日常を繰り返し、文化的なものへ逃避していった義政こそ、正真正銘の「悪人」といわねばならないだろう。

其の二　政子と富子はどこがどうちがうのか？

日野富子が政治をおこなった時代は、北条政子が復権した時代でもある。政子の姿が女性政治家として富子のそれに重なり合ったのだ。

まずは「御成敗式目」の注釈本の一つに、「簾中（高貴な女性）」といえども政子を除いて「二位」の位《くらい》にのぼる女性はいなかったが、近年、「浄土寺殿東山寺《じようどじどのとうさんじ》」（義政）の「御台」（富子）が「一位」になったとある。本書でみてきたとおり、政子は二位の官位にのぼり、「二位尼」と称された。政子の死後、女性で二位にまでのぼる人は絶えて久しかったが、近年、日野富子が従一位に叙せられ、古今未曽有の事だというのである。また、当代随一の学者で摂政をつとめた一条兼良《かねら》は富子のために著した『小夜《さよ》のねざめ』で政子を顕彰し、その後、将軍義尚の諮問に応える形で『樵談治要《しようだんちよう》』を書いて渡した。その『樵談治要』で政子はこう評される。

「大将のあやまりあることをも、この二位（政子）の教訓し侍《はべり》しなり。大将の後は一向に鎌倉を管領せられて、いみしき成敗ともありしかば、承久のみだれの時も、二位殿の仰とて、（北条）義時も諸大名ともに廻文《まわしぶみ》をまわし、下知し侍《はべ》りけり」

また政子は『貞観政要《じょうがんせいよう》』［注1］を手引きに政治をおこなったとつづく。

以上の話から、富子自身も政子を意識して政治にあたったことが窺える。

それでは政子の政治と富子のそれとの共通点と相違点はどこにあるのか。

まず富子が一六歳で義政の御台所になった同じ年に夫義政に娘が生まれているが、娘を生んだのは義政の妾。のちに正室の富子が義尚を出産した際との扱いは何から何までちがい、どの史料もそれが当然のように記している。ところが政子の時代、夫頼朝が御所の女房である大進局と密通して懐妊させた際、『吾妻鏡』は政子の怒りを恐れて彼女を冷遇したと書き、また、頼朝の子を宿した丹後内侍が政子の嫉妬心を恐れて摂津まで逃れ、住吉社の社頭で男児（島津忠久）を産んだとされている。つまり政子は「妬む」存在としてとらえられているのだ。これは政子に気の毒な書き方であって、政子は正室と妾との立場のちがいをはっきりさせたかっただけであろう。武家の御台所の地位が固まろうとする時代と地位が固まった時代のちがいといえる。

次に実家との関係についてはどうだろう。富子の場合、実家の期待を一身に背負い、御台所として送りこまれたという印象が否めないが、一方の政子の生涯からはそれが感じられない。むしろ、父時政失脚事件では、庶流の義時とともに北条宗家に敵対している。

ただ、二人とも鎌倉将軍家・室町将軍家という「家」を守るために政治をおこない、政子は

「尼将軍」と呼ばれ、富子は「悪女」の汚名をかぶった。

政子は夫頼朝存命のころにはその補完的な役割をつとめ（Ｉ期）、二代・三代の時代には「補佐」と「後見」という役割を果たし（Ⅱ期）、三代の暗殺という突発事件の後、みずから政務にあたった（Ⅲ期）。富子の場合は、夫義政が政治への意欲を失くしたことで政治の表舞台に立たざるをえなくなり、息子の九代将軍義尚の政治を兄日野勝光とともに支えた。義尚が若くして亡くなると彼女は隠居しようとしたが、管領の細川政元らによって政治の世界へ引きもどされる。そのことは当時の政界でそれだけ富子の影響力が大きかった事実を示している。隠居を撤回した彼女が一〇代将軍義材を指名し、隠居後も影響力を残してその将軍の首をスゲ替えた（明応の政変）。これすなわち、夫義政に代わり、長らく彼女が政務にあたってきたからに他ならない。

その力の源泉が将軍御台所という政子と同じ立場にあったことはいうまでもないが、富子が「将軍家」という「家」そのものの「主《あるじ》」であったこととも無関係ではあるまい。義政がいわば花の御所を捨て、小川殿や東山山荘と居所を転々としていたのに対し、罹災して一時はなれたことがあったものの、幕府と将軍の権威の象徴である花の御所の「主」はあくまでも富子であった。いまでも新聞などで「官邸筋によると……」などという表現をみかけるが、それは首相官邸が権力の中枢だからであり、ことに前近代における「家」（この場合は建物としての「家」をさす）の存在は大きく、官邸の主が内閣総理大臣であるように、「家」の「主」が政治を担う主体といってもあながち誤りとはいえないだろう。だからこそ、政子の場合でいうと、弟義時の急逝後も鎌倉の執権邸に正室伊賀の方が居つづけている事実を、彼女の真意がどこにあったにせよ、決して見過ごすことができなかったのである。

さて、「家」を守るという目的意識は彼女二人に共通していたものの、その権限はまるでちがう。三期の政子は「擬制鎌倉殿」として、たとえ執権であっても政子の「仰せ」なくして政治ができなかったし、その影響力に依拠して政治をおこなってきた。しかし、将軍はおろか、「擬制将軍」でもない富子は将軍や奉行らに御内書《ごないしょ》（将軍の私的な形式の直状《じきじょう》）の発給を促す形で政務にあたらなければならなかった。ここに「尼将軍政子」がほかの女性政治家たち（女性天皇を除く）と決定的にちがう点がある。

富子の時代に政子が復権したのも、ある意味、政子が女性政治家の理想形であったからではなかったろうか。

［注1］貞観政要＝中国・唐の太宗《たいそう》と群臣との政治上の議論を編集した書。名君といわれる太宗は、「貞観の治」と呼ばれる政治をおこない、好んで諫言に耳を傾け、専横に陥るのを防いだ。本書は、武韋の禍《ぶいか》（二代つづけて女性が政治に関与した事件）を経て、太宗の治政を鑑とする意図でつくられた。中国はもちろん、朝鮮・日本でも広く読まれた。

《参考文献》

※本文中で紹介した文献も含む。

【書籍】（順不同）
渡辺保著『北条政子』（吉川弘文館）／野村育世著『北条政子　尼将軍の時代』（吉川弘文館）／田端泰子著『女人政治の中世』（講談社現代新書）／同著『日本中世の社会と女性』（吉川弘文館）／同著『日野富子』（ミネルヴァ書房）／角田文衛著『平家後抄』下巻（講談社学術文庫）／上杉和彦著『源平の争乱』（吉川弘文館）／川合康著『源平の内乱と公武政権』（吉川弘文館）／元木泰雄著『治承・寿永の内乱と平氏』（吉川弘文館）／元木泰雄著『源頼朝　武家政治の創始社』（中公新書）／永井晋著『源頼政と木曽義仲　勝者になれなかった源氏』（中公新書）／同著『鎌倉幕府の転換点　『吾妻鏡』を読みなおす』（NHKブックス、吉川弘文館）／細川涼一著『平家物語の女たち　大力・尼・白拍子』（吉川弘文館）／河内祥輔・新田一郎著『天皇と中世の武家』（講談社学術文庫）／細川重男著『執権　北条氏と鎌倉幕府』（講談社学術文庫）／安田元久『北条義時』（吉川弘文館）／岡田清一著『北条義時　これ運命の縮まる端か』（ミネルヴァ書房）／平雅行編『中世の人物　京・鎌倉の時代編　第三巻　公武権力の変容と仏教界』（清文堂出版）／小野真一著『伊豆武将物語』（明文出版社）／桑田忠親著『新編　日本武将列伝1　源平盛衰編』（秋田書店）／『鴻巣市史』／『大分県史（中世篇）』／『新横須賀市史　通史編　自然・原始・古代・中世』

【雑誌】（順不同）
毛利一憲著「鎌倉幕府執権の職制について　記録所執権と幕府政所別当の考察を通じて」（『北見大学論集』九号）／大嶽真康著「北条時政考　源頼朝、北条義時、北条政子との関係を中心に」（『鎌倉女子大学紀要』二五号）／亀田帛子著「『吾妻鏡』と中世文学　梶原景時の場合」（『津田塾大学紀要』一〇号）／山本みなみ著「北条義時の死と前後の政情」（『鎌倉市教育委員会文化財調査研究紀要』二号）／田辺旬著「北条政子発給文書に関する一考察　「和文御文」をめぐって」（『ヒストリア』二七三号）／藪田育子著「「尼将軍」政子呼称考」（『国文鶴見』四二号）

本書は書き下ろしです。

跡部　蛮（あとべ　ばん）
1960年、大阪府生まれ。歴史作家・歴史研究家。佛教大学大学院博士後期課程修了。中世史を中心に日本史の幅広い時代をテーマに著述活動、講演活動を行う。主な著作に『信長は光秀に「本能寺で家康を討て！」と命じていた』『信長、秀吉、家康「捏造された歴史」』『古地図で謎解き　江戸東京「まち」の歴史』『明智光秀は二人いた！』（いずれも双葉社）『鎌倉幕府の謎』（ビジネス社）などがある。

「わきまえない女《おんな》」だった北条政子《ほうじょうまさこ》

2021年12月25日　第一刷発行

著　者　跡部《あとべ》　蛮《ばん》
発行者　箕浦克史
発行所　株式会社双葉社
〒162-8540 東京都新宿区東五軒町3-28
電話 03-5261-4831（編集部）03-5261-4818（営業部）
http://www.futabasha.co.jp/
（双葉社の書籍・コミック・ムックが買えます）
DTP製版　株式会社ビーワークス
印刷所　大日本印刷株式会社
製本所　株式会社若林製本工場
カバー印刷　株式会社大熊整美堂

落丁・乱丁の場合は送料双葉社負担でお取り替えいたします。「製作部」あてにお送りください。ただし、古書店で購入したものについてはお取り替えできません。
［電話］03-5261-4822（製作部）
定価はカバーに表示してあります。
ISBN978-4-575-31685-8 C0076

好評既刊

明智光秀は二人いた！

跡部蛮

NHK大河ドラマ『麒麟がくる』で注目された戦国武将・明智光秀。織田信長に謀叛を起こしたことで有名な武将だが、その一方で、前半生は謎に包まれている。最新の史料をもちい、光秀の素性を調べあげる。

新書判

好評既刊

聖地の条件

神社のはじまりと日本列島10万年史

蒲池明弘

出雲、熊野、伊勢、諏訪——交通の要衝でなかったり、都から離れていたりする場所になぜ巨大な信仰圏があるのか。鉱石、温泉、噴火、断層、神話などから古代史の世界に切り込む一冊。

四六判並製

好評既刊

徳川埋蔵金はここにある
歴史はバーで作られる2

鯨統一郎

学界のホープと呼ばれる歴史学者と助手の学生が入った場末のバー。ここには美人バーテンダーと常連で自称・歴史学者の老人がいた。なんてことはない話から歴史推理合戦がはじまり……。歴史の新説が飛び出す大ヒットシリーズ第二弾。

四六判並製

好評既刊

人類最初の殺人

上田未来

殺人事件はもちろん、詐欺、盗聴、誘拐、密室殺人など犯罪の起源に迫る前代未聞のミステリー小説。小説推理新人賞を受賞した新鋭が放つ、ミステリー界に新風を吹き込む衝撃のデビュー作。

四六判並製